高崇、灌木体育编辑组 编著

杨天硕 摄影

陈氏太极拳老架一路

74式完全图解

（视频学习版）

人民邮电出版社

北京

图书在版编目（ＣＩＰ）数据

陈氏太极拳老架一路74式完全图解：视频学习版 / 高崇、灌木体育编辑组编著；杨天硕摄. -- 北京：人民邮电出版社，2019.7
ISBN 978-7-115-51152-2

Ⅰ．①陈… Ⅱ．①高… ②杨… Ⅲ．①陈式太极拳－套路(武术)－图解 Ⅳ．①G852.11-64

中国版本图书馆CIP数据核字(2019)第076580号

免 责 声 明

本书内容旨在为大众提供有用的信息。所有材料（包括文本、图形和图像）仅供参考，不能用于对特定疾病或症状的医疗诊断、建议或治疗。所有读者在针对任何一般性或特定的健康问题开始某项锻炼之前，均应向专业的医疗保健机构或医生进行咨询。作者和出版商都已尽可能确保本书技术上的准确性以及合理性，且并不特别推崇任何治疗方法、方案、建议或本书中的其他信息，并特别声明，不会承担由于使用本出版物中的材料而遭受的任何损伤所直接或间接产生的与个人或团体相关的一切责任、损失或风

内 容 提 要

本书是广为流传的陈氏太极拳中老架一路拳套路的动作指导书。全书采用图文结合的形式，细致讲解了老架一路 74 式的基础知识和基本技法，尤其是老架一路 74 式的每一式都采用太极拳冠军亲自示范标准动作的方式呈现在读者面前，便于大家理解动作套路，跟学连贯动作，轻松习得动作技法和要领。本书不仅适合太极拳竞赛选手学习并提高拳技，也适合广大太极拳爱好者学习和参考。

◆ 编　著　高　崇　灌木体育编辑组
　　摄　影　杨天硕
　　责任编辑　寇佳音
　　责任印制　周昇亮

◆ 人民邮电出版社出版发行　　北京市丰台区成寿寺路 11 号
　　邮编　100164　　电子邮件　315@ptpress.com.cn
　　网址　http://www.ptpress.com.cn
　　临西县阅读时光印刷有限公司印刷

◆ 开本：700×1000　1/16
　　印张：16.25　　　　　　　　　2019 年 7 月第 1 版
　　字数：419 千字　　　　　　　2019 年 7 月河北第 1 次印刷

定价：59.80 元
读者服务热线：(010)81055296　印装质量热线：(010)81055316
反盗版热线：(010)81055315
广告经营许可证：京东工商广登字 20170147 号

作者简介

　　高崇，太极拳世界冠军，国家级运动健将，中国武术六段，毕业于北京体育大学。2008 年第九届国际武术博览会太极拳第一名，2008 年全国武术套路锦标赛太极拳太极剑全能冠军，2012 年全国太极拳锦标赛太极对练第一名，2013~2014 年北京高校比赛太极拳、太极剑、太极器械冠军。应电视台、展演活动之邀参与各类演出百余场，长期担任多家机构、企业的太极拳教练，拥有丰富的太极拳舞台表演和教学经验，逐步建立起独特的适合各类人群的教学体系。出于对太极拳的热爱，无论对专业比赛、舞台表演还是普及教学，他都有独到的认识和见解。

CONTENTS 目录

第一章
陈氏太极拳简介

一、陈氏太极拳的起源和演变

陈氏太极拳的起源可追溯到陈氏始祖陈卜。陈卜，原籍泽州（今山西晋城），又曾搬居山西洪洞县，在河南温县陈家沟定居后，出于保卫家园和维持地方安宁的需要，开始在村中开办武学社，传授武艺，而太极拳的记载主要是从陈氏第九世祖陈王廷记起。

在陈氏太极拳发展史上，不能不提以下三个人，即陈王廷、陈长兴、陈发科三位宗师。

陈王廷（1600~1680），字奏庭，明末清初时期陈家沟陈氏第九代传人，他依据祖传拳术，博采众长，并根据《易经》而创编出陈氏太极拳。而后陈家沟村民练习太极拳之风越来越盛，无论男女老幼皆习拳且世代承袭。

至陈氏十四世陈长兴（1771~1853）时，太极拳有了大的变革与发展。陈长兴在祖传老架五个套路的基础上，将太极拳精练归纳为当今流行的两个套路：第一路（大架）和第二路（炮捶）。后人称这两路拳为太极拳老架。

直到近代，陈氏十七世陈发科（1887~1957）于1929年到北京传拳，他以"挨着何处何处击，将人击出不见形"的高超技艺受到当地武术界的叹服，从而在北京立足，将300年来只流传在陈家沟的太极拳发扬光大。这是陈家沟陈氏太极拳发展的一个重要里程碑，开创了陈氏太极拳的新纪元。

二、陈氏太极拳的流派

陈氏太极拳从架势上分为两种，一种是老架套路陈氏太极拳，另一种是新架套路陈氏太极拳。老架陈氏太极拳产生于清朝初年，由陈王廷编排，共有五个套路。其中一路、二路就是今天广为流行的陈氏太极拳一路和二路。新架陈氏太极拳是陈家沟的陈有本拳师编排而成。与老架相比，新架继承了老架的套路顺序，又摒弃了老架中较难的动作，在架势上，新架的动作更小，转圈小，因此新架被称为"小圈拳"，老架也就相应地被称为"大圈拳"了。新架陈氏太极拳发展至拳师陈鑫时代，陈鑫将太极拳法进行总结，编著《陈氏太极拳图说》一书。

陈氏太极拳流传时间长，是很多其他太极拳的渊源，比如杨氏太极拳、吴氏太极拳、武氏太极拳、孙氏太极拳等。除了这些太极拳法，陈氏太极拳还有一个重要分支，即中国温县南冷架太极拳。南冷架太极拳为嫡传拳法，一代代传下来，架势纯正，保留着其拳法的传统风格，也尽含太极哲学。到了第四代嫡传大师秦毅风时，他对南冷架太极拳进行了改良，去掉繁杂的不实用的部分，使南冷架太极拳更适合实战，是陈氏太极拳中独具古韵的拳法。

三、陈氏太极拳老架一路 74 式介绍

　　陈氏太极拳老架一路 74 式是老架陈氏太极拳，从陈王廷编这套拳法起，至今已有 300 多年的历史，经过不断地提炼、发展，已经成为成熟的套路且广为传播。老架一路 74 式在练习时可以有不同的速度和强度，架子也有高、中、低三种可选择；不同身体素质的人可选取与自己匹配的速度和强度，且身体强壮者练低架子，身体老弱者更适合练高架子。在拳法特点上，74 式讲究缠丝劲，力量的来源为腰脊，贯通于四肢；动作多呈螺旋形，一动而牵全身；力度上刚柔相济，柔中带刚，刚中有柔；气沉丹田而不滞，动作和运气相结合，快速和慢速相结合。

第二章
陈氏太极拳老架一路
74 式基本知识

一、装备

练习太极拳的基本装备是太极服和太极鞋，选择专业的装备是习练者练拳前的必备工作。

1. 太极服

通常，太极服是以长袖长裤的宽松款式为主，且男女款式也没有太大的区别。太极服的样式采用中国传统服装的样式制作，荷叶领、对襟盘扣，色彩上主要以白色或黑色为主。

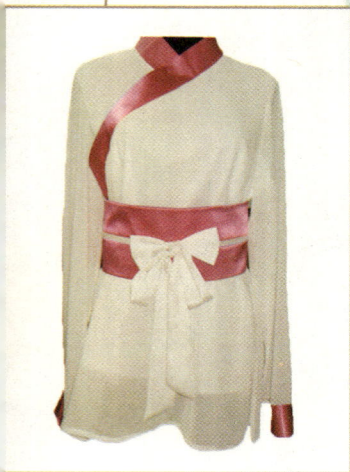

太极服采用涤纶、纯棉、丝绸、麻等材质，每种材质各有特点，在选择时需要多加鉴别，才能选出适合自己的款式。一般推荐选择丝绸和纯棉材质的太极服。丝绸材质的太极服面料挺括，不易起皱，色彩丰富，表演比赛或日常练习皆可选择；纯棉材质的太极服透气性好，穿着舒服也更耐穿，而且价格亲民。

2.太极鞋

由于太极拳有许多脚部的动作，有的是脚掌着地捻动，有的是脚跟着地捻动，所以穿着舒适的鞋是保护脚部的必要选择。

太极鞋一般由帆布鞋和 PU 材质鞋两种。帆布鞋的特点是鞋面耐磨舒适、防臭且透气；有多孔穿带连接，适用于不同脚型；鞋口后侧包有软绵，有效地保护脚踝位置不被磨损；脚跟鞋型坚挺漂亮，穿着更舒适，有效增加了耐磨性。PU 材质太极鞋的特点是 PU 鞋底弹性好、耐磨；鞋面厚重防水，易打理。

太极鞋的挑选包括下面几点：(1)首先要选择太极专用鞋，效果最好。如果没有，就选择比较轻盈舒适的鞋。(2)最好选用鞋底为牛筋底的鞋，这样的鞋韧性较好。如果多在室外练拳，可选择更高级的橡胶合成鞋底的鞋，比较耐磨。(3)鞋子的大小要合脚。(4)鞋底最好是外韧内软，这样有助于提高起动速度，也有较好的缓冲性能，在脚部落地时可吸收振动，并将振动转化为力量。(5)鞋底的厚薄要合适，鞋底不要太厚。

二、热身

练习太极拳时，首先要进行热身。热身是练拳的前提，二者密不可分，相辅相成。

1. 头部运动

（1）头绕环运动

1   **2**   **3**   **4**

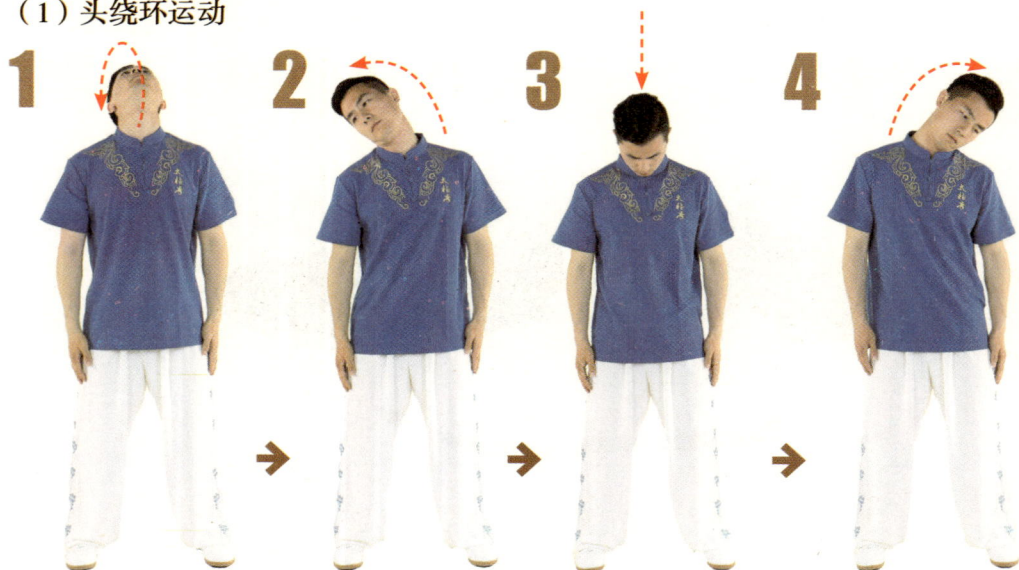

身体直立放松，两臂下垂，两脚微开相距大约一步距离，头部依次按照上－右－下－左的顺序转动，转动时动作要缓慢，可持续进行数次。

（2）双手前低头

1   **2**   **3**   **4**

身体直立放松，两脚微开相距大约一步距离，双手抱拳紧握，置于脑后，使两臂与肩膀在同一平面上。然后两臂逐渐向头部合拢，然后抱头向下方低头，使脸部朝向地面。可持续进行数次。

（3）头侧屈运动
（右手右侧屈）

1 **2** **3** **4**

身体直立放松，两脚微开相距大约一步距离，伸右手，手掌由头顶绕过，贴住左侧耳上部，左手从身体前方伸出握住右臂肱二头肌部位，右手扳住头部向右侧侧屈。可持续进行数次。

（左手左侧屈）

1 **2** **3** **4**

身体直立放松，两脚微开，相距大约一步距离，伸左手，手掌由头顶绕过，贴住右侧耳上部，右手从身体前方伸出握住左臂肱二头肌部位，左手扳住头部向左侧弯曲。可持续进行数次。

2. 上肢运动

（1）拉伸右臂

1 **2** **3** **4** **5**

身体直立放松，两脚微开相距大约一步距离，伸右手折向脑后，伸左手在脑后部置于右臂肘关节处，然后向左侧拉伸数次。

（2）拉伸左臂

1 **2** **3** **4** **5**

身体直立放松，两脚微开相距大约一步距离，伸左手折向脑后，伸右手在脑后部置于左臂肘关节处，然后向右侧拉伸数次。

1 **2** **3**

①身体直立放松，两脚微开相距大约一步距离。

② ~ ③ 两臂向左右两侧张开，与肩部呈一条直线。手掌朝上，然后两臂弯曲折向肩部，手指指向肩膀。

4 **5** **6** **7**

④ ~ ⑦ 手指贴住肩膀，弯曲的两臂分别向上、向下、向前、向后依次转动。

4. 下肢运动

1 **2** **3**

①身体直立放松，两臂自然下垂。

②两手叉腰，两脚微开相距大约一步距离。

③脚后跟向上踮起。

叉腰时气息上提，为踮脚做准备。

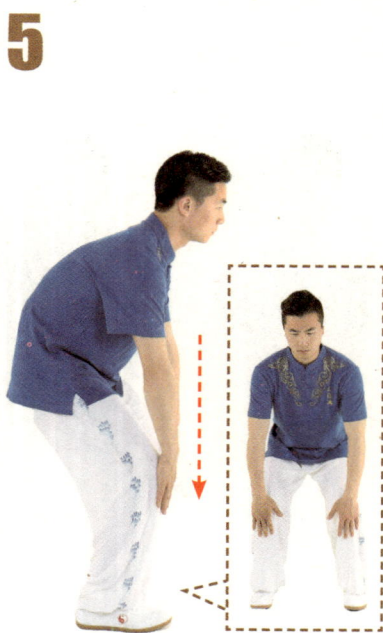

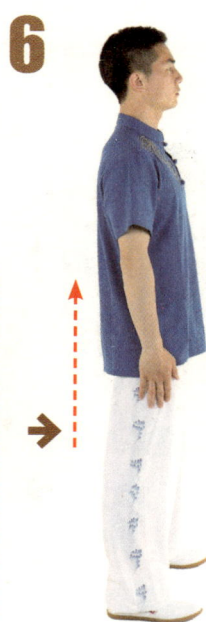

4 **5** **6**

④脚后跟落下。

⑤弯腰摸膝，两手分别摸住左右两侧膝盖，指尖向下。

⑥身体直起，动作归于原位。

5. 全身运动

①身体直立放松，两脚微开相距大约一步距离，两手在腹部位置交叉相握，掌心向上。

②~④抬起交叉握起的双手，举至胸前，掌心向内。交叉两手由胸前向外翻掌，直到两臂伸直翻至头顶部，掌心向上。

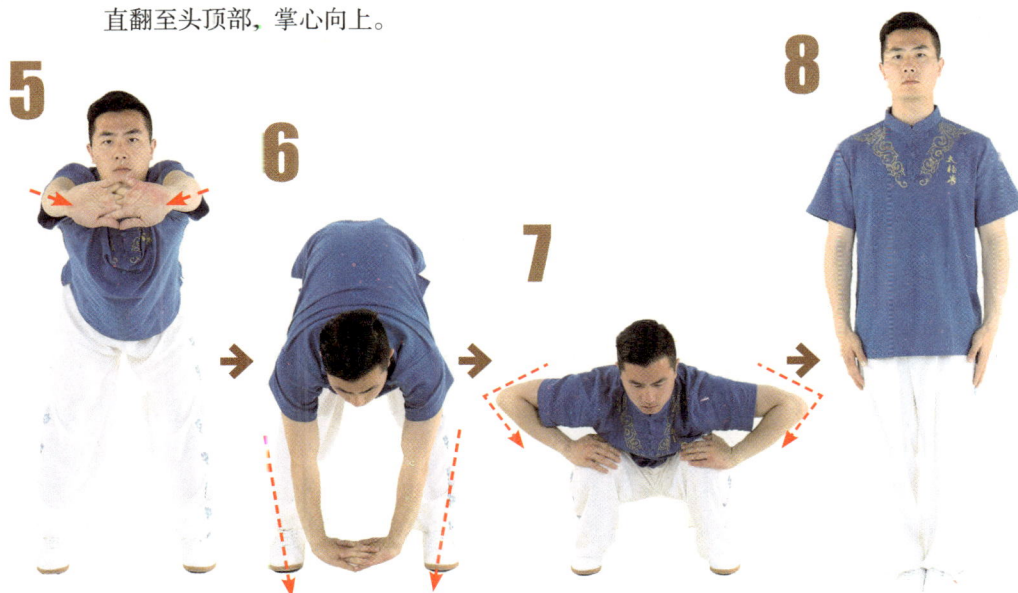

⑤~⑥弯腰前倾，直至手掌距地面一指距离，两手掌心朝下。

⑦~⑧两手松开，分别置于左右两侧膝盖处，慢慢蹲下，两肩端平，与地面保持平行。然后起身直立复原。

三、基本手型

本节将重点介绍练习中的手上动作，其中包括掌、拳、钩手和八字等。

1.掌

五指自然伸展，互不靠拢，也不要太开，以掌宽为度，大拇指自然松竖，掌心不可太凹，也不可太张，以自然舒展为度。

正　　　　　　　　　　　　背

在运动与合劲时，掌心要虚；
在开劲与发劲时，掌心要实。

五指略舒微曲,指间略离,掌心微凹。

2.拳

太极拳的握拳形式为：四指并拢卷曲，指尖贴于掌心，然后拇指卷曲，贴于食指与中指中节上，握成拳形。

内 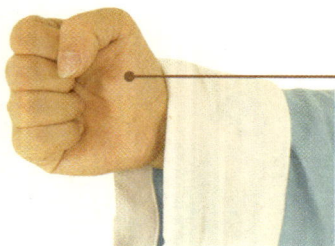 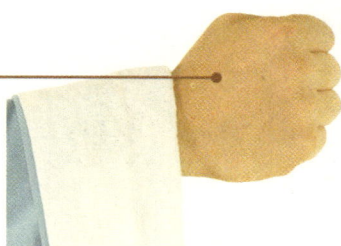 外

发拳时腕部不能软，拳顶不能上撩，也不能下栽，必须直腕。

拳论有"蓄势散手，着人成拳"之说。也就是说，在蓄劲时要虚握拳，在发力着人的一瞬间成拳，力贯拳顶。

3.钩手

钩手，又叫吊手。钩手的做法是五指下垂相拢，拇指、食指、中指指尖轻合，手心要空，腕部自然舒起。

内　　　　　　　　　　　　　　　　　**外**

钩手有抓筋、拿脉、锁骨、截劲等作用，使被"钩"者有深透入骨之感。但用力死钩，会使腕部与臂部僵直，失去灵活性，阻碍经气的循行。

太极拳在乘势转圈中五指尖捏拢下垂，故也称之为"吊手"。

钩手可以锻炼腕部的旋转，含有叼手、擒手与解脱擒拿的方法。在套路练习中，钩手的动作意义不可忽视。

4.八字

八字手常用于招式的起势动作，在比赛或表演中也可用于起势及运气中。

背　　　　　　　　　　　　　　　　　**正**

在八字手发出时，手腕一定要直，不可弯曲。

肘关节的力量可以通过八字手打出来，这样能更容易击倒对手。

四、基本步型

步型是指下肢动作的定式造型。太极拳中常用的步型有马步、弓步、歇步等。

1.马步

马步是练习武术最基本的步型，两脚分开略宽于肩，采用半蹲姿态，有如骑马一般，因而得名。

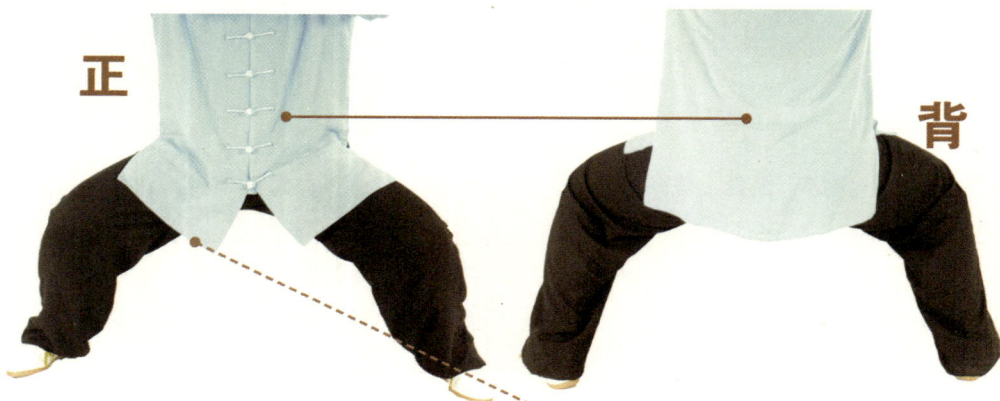

正

背

两脚开立下蹲，间距3~4脚长，两脚外撇约30度。

两膝与两脚尖的方向相同。

腰胯发力，双膝下沉，呈半蹲姿势。马步的特点是使下盘稳固，保持较好的平衡性。

侧

半蹲姿态，膝盖不超过脚尖为宜。

2.弓步

弓步，又称弓箭步，是太极拳的基本步型之一。

正　　　　　　　　　　　　　　　　　　　**右侧**

左侧

后腿自然蹬直，脚跟内展，脚尖斜向前方约 45 度。

一条腿向前方迈出一大步，为脚长的4~5倍，同时膝关节弯曲，大腿近于水平；另一腿挺膝伸直。两脚全脚掌着地，上体正对前方。

前腿屈膝前弓，大腿接近水平（或斜向地面），膝盖不超过脚尖。腰胯用力向前推送，动作忌生硬。

3. 歇步

歇步，是太极拳的基本步型之一，可分为左歇步和右歇步两种。

正

侧

两腿交叉，稳定两脚使身形下压。

正

侧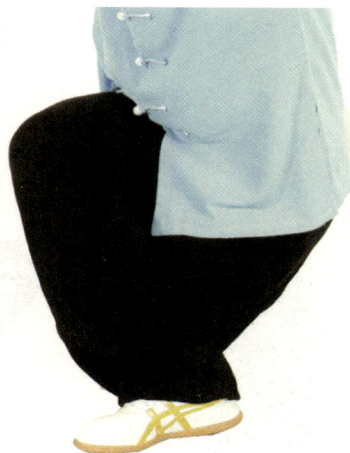

两腿交叉，屈膝全蹲，前脚全脚着地，脚尖外撇；后脚脚尖向前，脚跟离地，臀部接近脚跟。左脚在下为左歇步，右脚在下为右歇步。

五、基本步法

步法练习是太极拳的基础，太极拳对步法的要求是分清虚实，下盘有根，虚实转换清楚。

1.进步

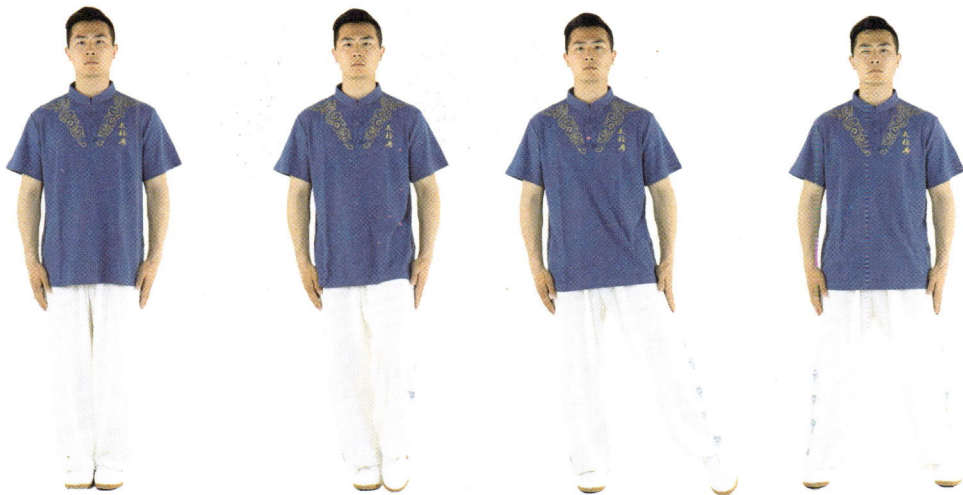

身体自然直立，两脚并立，脚尖向前；两臂自然下垂，两手放在大腿外侧；眼睛平视前方。左脚抬起迈向左侧大约一步距离，呈两脚开立姿势。

两手叉腰下蹲，身体微左转，左脚尖外展，提右脚，右脚经过左脚内侧向前方开步。开步方向也在左脚内侧垂直平分线上。右脚跟内侧先着地，脚尖上翘里扣，膝关节勿僵直，右胯沉住，保持开裆圆胯。

左腿半抬微弯曲，此时身体重心在右腿。

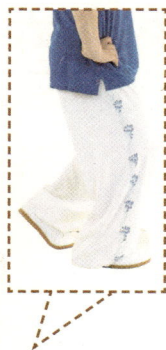

右脚迈步向前踏实，身体重心前移，呈右前弓步；之后身体微右转。

左脚向前迈进一步，左脚经过右脚内侧向前方开步，开步方向在右脚内侧垂直平分线上。

左脚跟内侧先着地，脚尖上翘里扣，膝关节勿僵直，左胯沉住，保持开裆圆胯。

左脚向前踏实呈左前弓步；然后右脚轻轻提起与左脚并拢，随之全脚踏实，恢复成预备姿势；目视前方。

2.退步

身体自然直立，两脚并立，脚尖向前；两臂自然下垂，两手放在大腿外侧；眼睛平视前方。

左脚抬起迈向左侧大约一步距离，呈两脚开立姿势。

两手叉腰下蹲，右腿屈膝松胯，向身体后方蹬右腿。右脚脚尖先着地后踏实，左腿弯曲呈左弓步；右脚尖朝向右侧，左脚尖朝向左前方。保持开裆圆胯，身体重心在左腿上。

接着身体重心后移至右腿，左腿抬起。此时左腿是向后退步，经过右腿内侧，脚尖着地，然后全部脚掌踏实。

左腿屈膝松胯，向身体后方蹬左腿，脚尖先着地后踏实，右腿弯曲呈右弓步。左脚尖朝向左侧，右脚尖朝向右前方。

身体继续后撤，向身体后部蹬右腿，右腿屈膝松胯。

收右腿提至距左脚一步距离处。

身体直立，两脚合拢，恢复成预备姿势；目视前方。

3.跟步

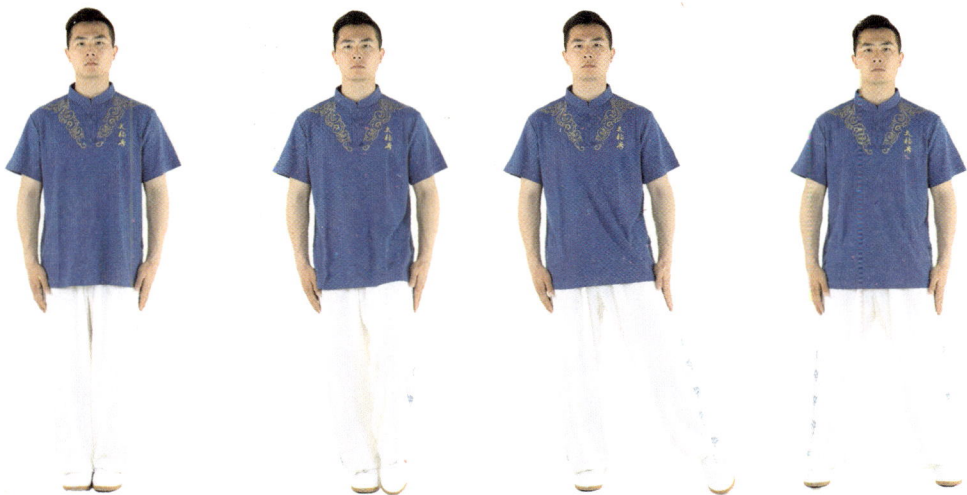

身体自然直立，两脚并立，脚尖向前；两臂自然下垂，两手放在大腿外侧；眼睛平视前方。左脚抬起迈向左侧大约一步距离，呈两脚开立姿势。

两手叉腰，脚尖向前，眼睛平视前方。身体转向正右方，右脚向前跨步，脚跟着地，脚尖翘起向上，重心置于左腿。右脚原地踏实，呈右弓步，身体重心前移至右腿。左脚向前跨步提至右脚内侧，脚尖着地。

身体左转，左脚向前跨步，脚跟着地。左脚踏实，身体前倾，重心前移至左腿，呈左弓步。

以腰部为轴，带动身体转动。

接着提左脚准备向左前方转动，脚跟着地，脚尖翘起向上，重心置于右腿。左脚向左前方跨步转向，重心前移，右腿蹬直，呈左弓步。

右脚收至左脚内侧，准备向前跨步。身体右转，右脚向前方跨步，脚跟着地，身体前倾重心前移，右脚掌踏实。

收起时要屈膝松胯。

身体重心前倾至右脚，呈右弓步。收左脚放至右脚边一步距离处，身体直立。左脚轻轻提起与右脚并拢，随之全脚踏实，两脚并拢，恢复成预备姿势；目视前方。

4.侧行步

左边

身体自然直立，两脚并立，脚尖向前；两臂自然下垂，两手放在大腿外侧；眼睛平视前方。两手叉腰，左脚抬起迈向左侧大约一步距离，呈两脚开立姿势。

身体重心左移至左腿，左腿微屈。收回右脚至左脚内侧，两腿并立微屈，然后自然挺直，恢复成预备姿势。

右边

身体自然直立，两脚并立，脚尖向前；两臂自然下垂，两手放在大腿外侧；眼睛平视前方。两手叉腰，右脚抬起迈向右侧大约一步距离，呈两脚开立姿势。

身体重心右移至右腿，右腿微屈。收回左脚至右脚内侧，两腿并立微屈，然后自然挺直，恢复成预备姿势。

第三章
陈氏太极拳老架一路
74式基本技法

一、第一段

1.太极起势

身体由未动到启动的第一个动作，称为起势。起势代表由静到动的开始。

1 **2** **3**

① 身体自然直立，两脚并立，脚尖向前；两臂自然下垂。

② 两手放在大腿外侧，眼睛平视前方。

③ 保持身体平衡，重心移至右脚上，然后左腿向上微微抬起。

换个角度看一看

4 **5**

④ 两手置于大腿外侧；目视前方；重心仍然在右脚上，左脚迈向左侧大约一步距离。

⑤ 两手始终放在大腿外侧，两脚呈开立姿势站立；目视前方。

注意细节

起势中，左脚向左迈步时，两手始终贴紧大腿外侧。

6 **7**

⑥ 保持第5步的姿势，眼睛向下看，两臂慢慢向上平举。

⑦ 两手缓缓抬至高与肩平位置，与肩同宽，掌心向下，眼睛看向右手。

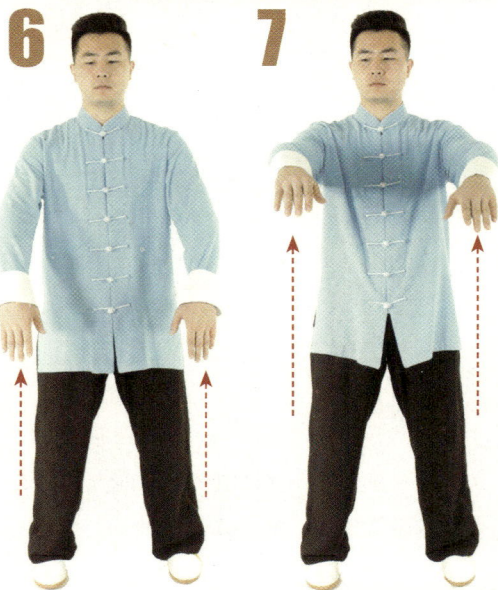

小提示

下颌要向后收起，头部的位置不能过于后仰。

换个角度看一看

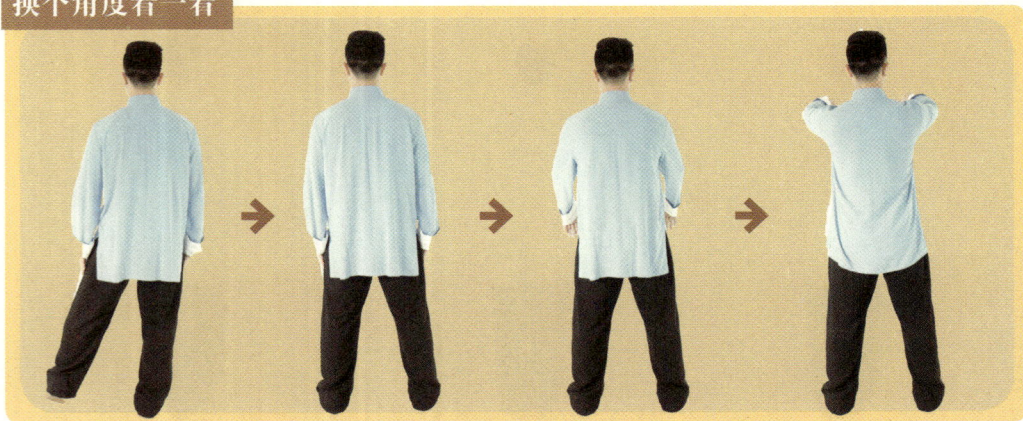

8

⑧ 重心在两条腿上，保持两手与肩同高、同宽，掌心向下，两肘微下垂，上体保持正直。

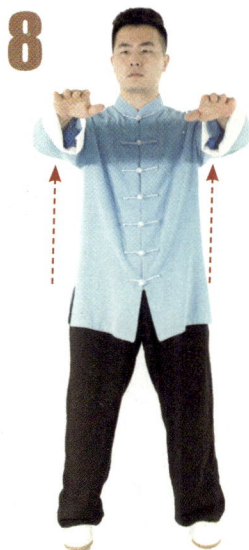

9

⑨ 眼睛看向左手，身体自然放松，两腿屈膝下蹲；同时两掌按箭头的方向轻轻下落。

10

11

⑪ 两肩松沉，两肘松垂带动两臂下落，手掌向下坐腕，落于腹前；同时，两腿屈膝下蹲，指尖向前；目视前方。

⑩ 眼睛看向左手，身体保持第9步的姿势，呈自然放松状态；按箭头的方向手微微往下落至腹部，指尖向前。

换个角度看一看

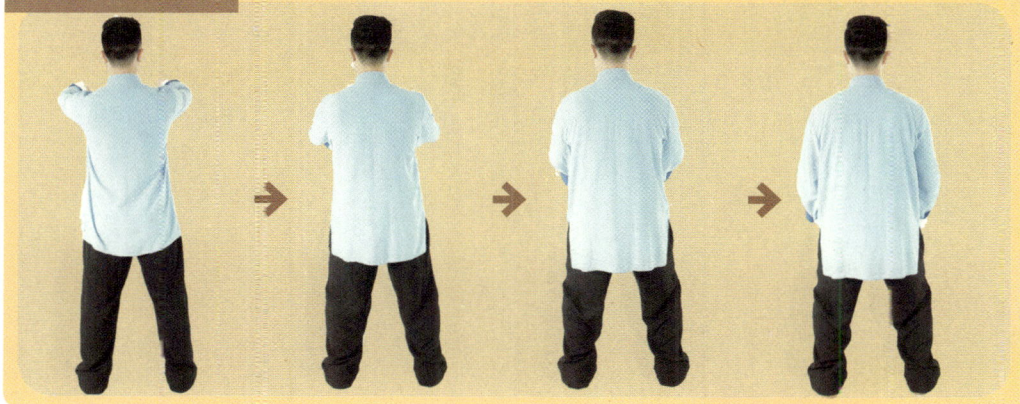

35

2.金刚捣碓

金刚捣碓的姿势是右手握拳，如金刚握杵一样，左手弯曲如臼之形，右拳落于左手掌心，如石杵捣碓一般。

1

2

3

④两脚间距同第1步，两腿半蹲；两手从第3步的斜摆变成直立。

4

① 两脚分开两步的距离，两腿微微弯曲；手掌慢慢抬起，五指张开，放在胯部；眼睛目视前方。

② 两脚间距同第1步，两腿半蹲；两手翻转，左手在胸前，右臂弯曲；眼睛看向右手。

③ 两腿和第2步一样半蹲；手轻轻上抬，左手抬至下巴的高度，右手与左手持平。

换个角度看一看

36

5

⑤ 右脚向右边移动半步，左脚不变，然后右腿往上轻轻抬起，保持一点弯曲；手也从左边换到右边；眼睛看向左手。

⑥ 左右手都向右移，两手成交叉状；脚和第5步一样保持不变。

6

⑦ 两手缓缓升至高与肩平，与肩同宽，掌心向下；眼睛看向右手。

7

⑧ 重心在右脚上，右腿弯曲；两手移至右边，左手弯曲，掌心向外，右手手掌也向外；目视前方。

8

换个角度看一看

9

⑨ 两手向右移动，左腿微微弯曲，右腿同上一步一样保持不变；左右手向右推，左右手大拇指相对，掌心向外。

⑩ 身体重心下移，两手移至胯部，掌心向下，左腿弯曲；眼睛目视前方。

⑪ 两肩放松，身体微下沉，右手前推的同时提右膝，二者同步，脚尖自然下垂。

10

11

正误对比

做这个动作时要注意臂肘拉平不能弯曲。

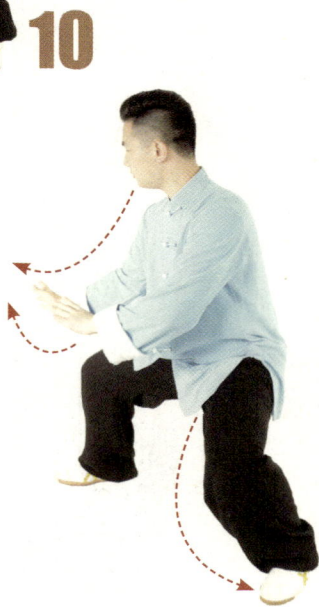

❌

✅

换个角度看一看

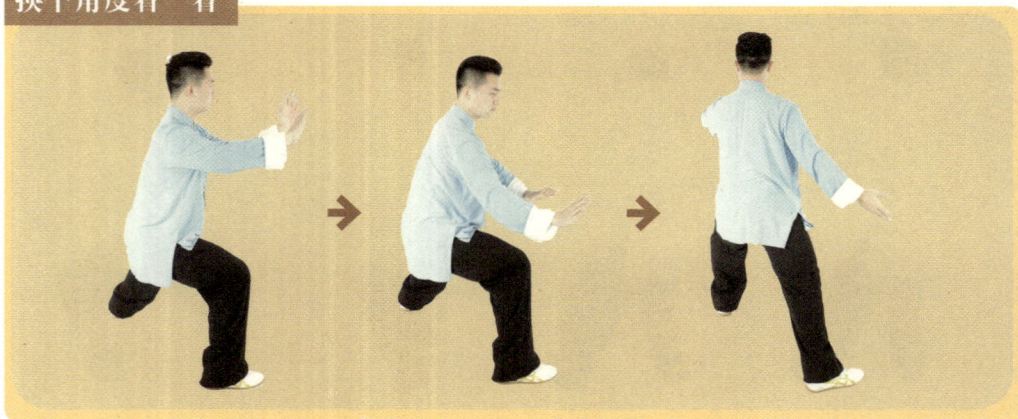

12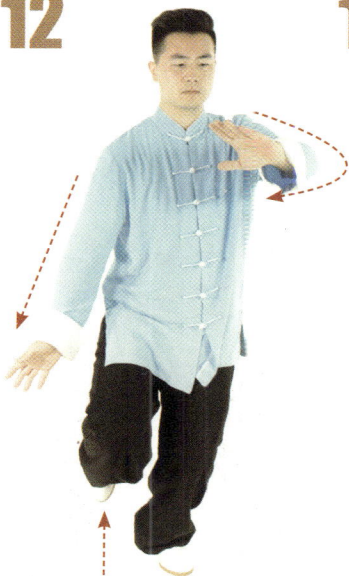

13

⑫右脚抬起弯曲，左脚直立；右手张开，五指伸展，左手弯曲，贴近颈部；眼睛看向左手。

⑬左脚保持不变，右脚从刚才的弯曲向前一步；右手收回，左手放在右手手腕处。

提腿、提拳时，身体要下沉，松肩沉肘，上下相合，脚步稳健。

14

15

⑭脚和第13步一样，右脚在前，左脚在后；左手放至胯部，掌心向上，右手成拳，上举与鼻子齐高，重心不变；眼睛看向右手。

⑮脚和第14步一样；左手下沉至腹前，掌心朝上，右手先上引而后握拳，落于左掌心，拳心朝上；目视前方。

16

17

⑯右手握拳举至与鼻子齐高，左手放在胯部，掌心向上；右脚抬起，左脚直立。

⑰身体重心保持在左脚上，右拳砸于左掌内；右脚落地与肩同宽，两腿微微下蹲；目视前方。

换个角度看一看

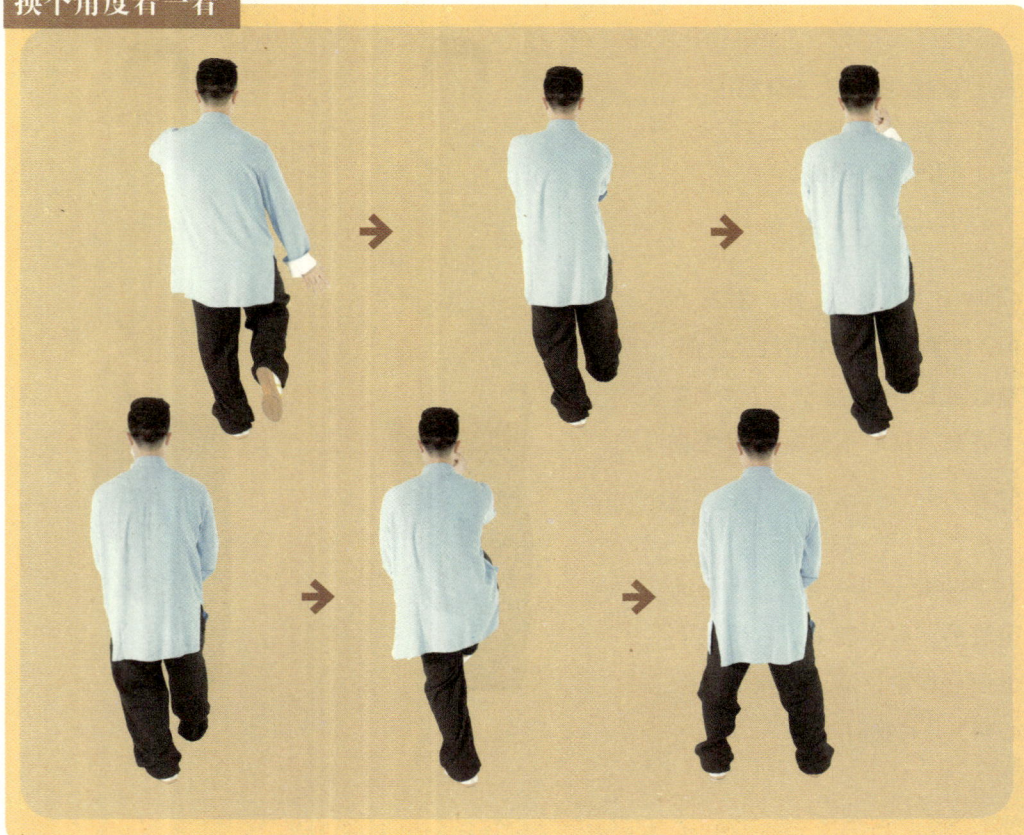

3.懒扎衣

古代人因长服束腰，练拳时需将长服卷起，塞于腰带中，以便动步踢腿。此动作与左手撩衣塞于腰带相似。右手横举向后，目视左前方，以示临场不慌、撩衣应战之意。

① 身体微向右转、下沉，再向左转，重心移向右腿；右拳变掌，逆缠向上于胸前；目视前方。

② 上势不停。身向右转，重心移向左腿；同时，双手逆缠，右手随身转，拥至右上方，掌心朝前，左手下按左腰部，掌心朝下；目视右前方。

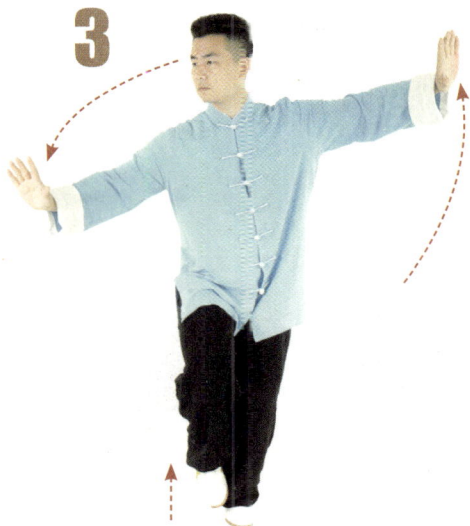

③ 上势不停。身体微向右转，重心移至左腿，提起右腿；同时，左手先逆后顺、由下而上画弧，右手顺缠向下画弧。

④ 上势不停。身体左转下沉，重心微右移；两手交叉于胸前，左手合于右臂内，掌心朝右，右掌心向斜上方。

⑤ 上势不停。重心移向右腿；右手随身左转下沉外掤，逆缠于左膝上方，而后微顺缠，松肩沉肘，指尖高与眼平，掌心朝右前斜下方；左手位置保持不变，掌心向右位于右肘处；目视右手前方。

⑥ 两腿呈弓字步；左手位于腹部，右手与下巴同高；眼睛看向右手。

⑦ 脚和第6步一样，保持不变；右手往右上走，左手往左下走，左手放在胯部，右手与肩同高，掌心向外；目视右手。

⑧ 脚和第6步一样，两腿半蹲；右手腕微微弯曲，五指张开，掌心向外；目视右前方。

4.六封四闭

　　"六封"是指太极拳拳法的境界达到可以使对手失去判断能力，出现进攻、退守两难，"六神无主"的状况。达到这种境界的太极拳就是"闭其四肢"，使对手四肢被动调遣"。

1

2

① 上身微右转，重心随之移至右腿；同时，右手以腕为轴向内、向外旋转绕一圈，左手轻贴左腹向左、向上内旋后屈腕上提，再外旋向右、向下、向左绕一小圈；目视右手。

② 上势不停。身体下沉，重心略微移至左腿；同时，两手右逆左顺缠，下捋至两髋部前，左掌心朝下，右掌心朝前，有引进落空之意；目视右手。

③ 上势不停。身体略向右转而后左转，重心移至左腿；两掌从左向右画弧，两掌心朝前斜下方，眼随手动。

3

在做此动作时要注意右脚脚尖的方向。

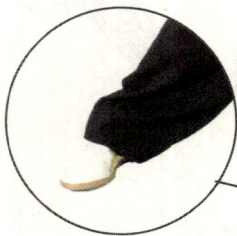

4

5

在做此动作时要注意左右手的位置。

④ 重心不变，右腿蹬直，身体左转；左手掌心向外侧，右手掌心向上，弧线路线向左向上至与肩齐平，眼随手动。

⑤ 左腿蹬直，身体重心移至右腿，身体右转，左臂屈肘内旋向下。

6

7

⑥ 上身右转，重心移至右腿，左脚随转体收回置于右腿内侧，脚尖点地；左手掌心向右下，右手掌心向左下，两手虎口相对，指尖向上。

⑦ 上身右转，随转体两手向右、向下按至右胯旁，虎口斜相对，掌心斜向下；目视两手之间。

5.单鞭

　　单鞭是传统拳术的通用式名，在技击上属"拴手"。两手臂须前后伸展，如同拉直的一条鞭子。在技击上"单鞭"式是连消带打、以守为攻的技法。

① 右脚踏实，重心落于右脚，左腿屈膝，左脚尖点地；左手手掌向上至体前，与腹部齐平，右手掌心向左位于左臂内侧。

② 右手呈钩手由为向外抬臂，掌心向下；左手掌心向上，向腹部收回。

③ 右臂抬起伸直与肩齐平，左手掌心向上贴于腹部。

换个角度看一看

4

5

④重心移至右脚，左脚抬起收至右脚腕处脚尖向下，准备迈步；两手位置不变。

⑤左脚向左侧跨步，重心左移，保证脚跟率先着地，左腿蹬直。头部面向左侧。

⑥右脚蹬地，腿部伸直；重心左移，左腿屈膝呈左弓步；两手位置不变。

⑦身体重心右移，身体略向右转，头部面向右侧，目视钩手。左臂抬起至右臂下方。

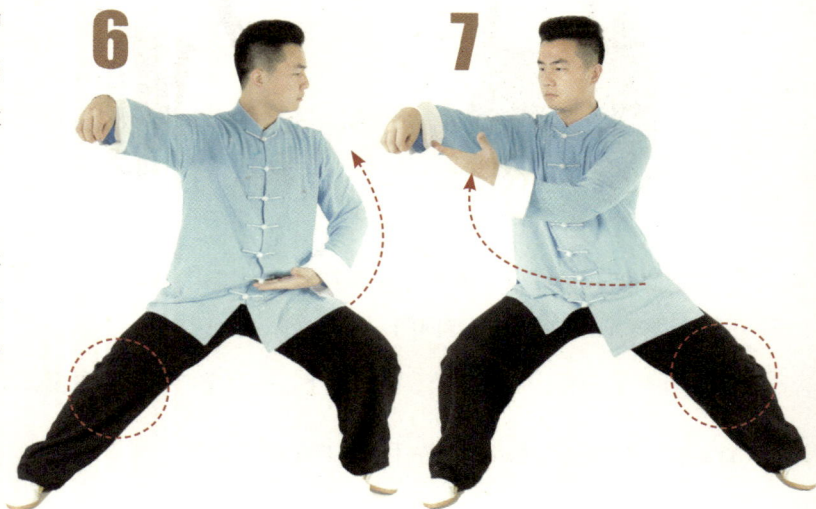

6

7

换个角度看一看

→ → →

8

9

10

⑧ 随即，左手翻掌，掌心向下，向左侧外旋。

⑨ 左臂继续向左侧上方呈弧线运动，眼随手动。

⑩ 两臂伸直，面向前方；两腿保持动作不变。

换个角度看一看

6.金刚捣碓

① 两腿分开屈膝下蹲，左臂抬起与肩齐平，左掌心向外。右掌由右向左弧线运动。

② 重心移至左腿上，右腿自然伸直；身体向左转动，右臂继续上抬；两手同时向左侧推掌。

③ 重心移至右腿上；左手掌心向上，右手掌心向下，向右侧移动，眼睛注视左手。

④ 右腿屈膝，身体右转；两手掌心向外手指向上，与肩齐平向右侧推掌。眼睛注视左手。

换个角度看一看

5

⑤随即，两手由上向下推掌，眼随手动。同时，左腿屈膝，重心向左移动。

左转平捋时吸气。

6

⑥重心移至左腿上；两手向左运动，左手弯曲，掌心向下，右手与右腿呈直线，五指张开，掌心向外。

⑦身体继续向左转，右手保持不变，右腿直立，左腿弯曲；左手前伸，五指合拢，掌心向外。

7

换个角度看一看

在做此动作时要注意
右脚脚尖向下。

⑧ 重心移至左腿，右腿抬起弯曲，右脚脚尖向下；右手放在右腿膝盖的高度，掌心向外，
左手与肩同高，掌心向外；目视前方。

⑨ 右脚向前一步，左腿弯曲，右脚脚尖向前；右手向前伸，掌心向外，左手放在右手手腕
处，掌心向下；目视前方。

⑩ 两腿位置保持不变；左手向下至腹部，掌心向上，右手向上与嘴同高，右手握拳，拳心
向内。

换个角度看一看

11

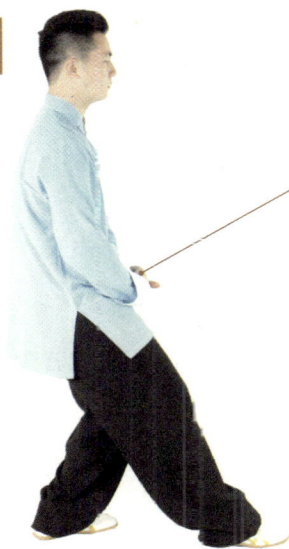

在做此动作时要注意左右手的位置。

⑬ 右脚下落，与左脚并齐，双腿微微弯曲，双手放在腹前，右手拳心向上落于左掌之上。

12

⑪ 两腿保持不变；右手向下至腹部，拳不变，落于左掌之上。

13

⑫ 重心移到左脚上，右脚抬起，膝盖与腹部同高；右臂弯曲，拳心向内，与嘴同高，左手置于腹部，掌心向上。

换个角度看一看

→ →

7.白鹤亮翅

这个动作右臂上扬亮掌，左臂下落按掌，犹如鹤之展翅，故得此名。

① 两掌上下相对，身体重心右移。

② 右手经胸前向右上方画弧，左手掌心微外旋向下。左脚稍向上提起脚尖点地，呈虚步。

③ 右脚向前进步，呈右弓步。同时上身微向左转；右手画弧至右上方，指尖与眼睛齐平。

④ 身体重心移至左腿，右腿收回向上提起，脚尖点地。左掌提起至头侧，右手掌心向外，画弧下按。

换个角度看一看

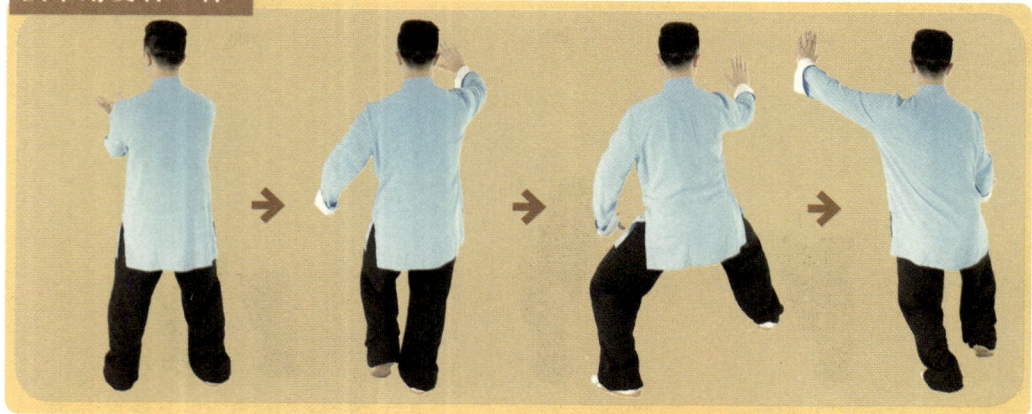

5 **6**

⑤右手抬至身前，左手搭在右臂上，重心移至左腿上，左腿弯曲，呈弓步。

⑥左手放于右臂处，右手掌心向外，右腿弯曲。

⑦右腿踏实，上身前倾，左脚脚尖撑地，右手置于面部前方。

7 **8**

在做此动作时要注意掌心的位置。

⑧身体微左转，同时左手向左下方画弧下按至胯部，掌心向下。右手保持不动。

换个角度看一看

→ → →

8. 斜行

　　斜行是指上步时所形成的身体上下肢之间的角度方位，斜行是相对正行而言的。

1　**2**　**3**　**4**

① 两腿微屈，身体重心向右。右手在上，左手在下。

② 随即，右手向左下方画弧运动，左手保持不变。

③ 右手掌心朝下；左臂屈臂向上抬起，手掌朝右侧，指尖朝上。

④ 上身保持不动，两腿微弯曲，同时抬起左脚，贴于右脚内侧。

换个角度看一看

⑤两手继续旋转向下，右手往下与胯部同高，掌心向下，指尖向前，左手向上。

⑥两脚分开呈弓步；两手向右移，左手移至胸前，右手与肩同高；眼睛看向前方。

5

6

7

8

⑦左腿弯曲，右腿伸直；右手置于右耳位置，手掌贴近耳朵。上身前倾，左手掌心向下位于左腿小腿中部。

⑧右腿蹬直，左腿弯曲，重心左移，呈左弓步；左臂伸直与肩同高，左手成钩手状，右手于胸前，掌心向左。

换个角度看一看

9

⑨ 右臂伸直与左臂平行，掌心向外。

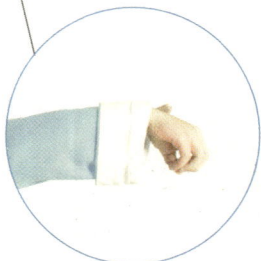

在做此动作时要注意
左手的动作。

10

⑪ 身体保持不变，右
臂向身体内旋，右肘微
屈，右掌向右翻直至指
尖朝上。两腿姿势仍保
持不变。

11

⑩ 身体略向右转，右手向右侧画弧，
左钩手动作保持不变。

换个角度看一看

→   →

9.搂膝

搂膝，名称来源于动作特征。拳式中两手由膝向上搂起故而得名。

① 右手竖起，手指向上，左钩手和下半身姿势不变。

② 右手向下画弧，左钩手变掌，左臂微微向下。头微低看向右手。

③ 身体向左侧转动，右手向下画弧，翻手掌心向上，至膝盖位置。

换个角度看一看

4

5

④ 身体继续向左侧转动，左手翻掌，掌心朝上。两臂上抬至与胸部齐平。

⑤ 重心右移，左脚蹬地脚尖触地。上身直起双臂向上抬起。

6

7

⑥ 两臂回收，身体往后倾，两手抬至与肩同齐。目视左手。

⑦ 两手立掌，掌心相对，指尖朝上。

换个角度看一看

10.拗步

　　拗步，名称来源于动作特征。左脚在前而推右手，或右脚在前推左手，形成左右交叉式，称之为"拗步"。

① 接上式，两手掌心向下，向右侧画弧。

② 左脚脚尖点地收于右腿内侧，上身微向右转，右手继续向外画弧，左臂画至胸前掌心向下。

1

2

3

4

③ 右臂伸直，右手翻掌掌心向上。左臂继续向左侧伸展，掌心向前，眼随手动。同时左脚向左侧迈步，脚跟触地。

④ 左脚踏实，重心落于左腿。右腿提起贴于左腿内侧。身体左转，同时右臂屈肘向上至面部位置，掌心向左。左手掌心向下，下按至胯部位置。

换个角度看一看

→ → →

5

6

⑤ 右脚向前上步，脚跟触地；右臂伸直向下、向前推手，掌心向前。

⑥ 重心前移，右脚踏实，左腿蹬直，呈右弓步；右手继续向下画弧，掌心向下。

7

⑦ 左脚抬起，贴于右腿内侧；左臂屈肘提起，掌心向右，指尖向上置于头部左侧；右手继续下按至胯部，手臂伸直。

⑧ 随即，左腿向左侧迈步，脚跟率先触地，脚尖内扣。同时左手前推。

8

换个角度看一看

11. 斜行

1

2

3

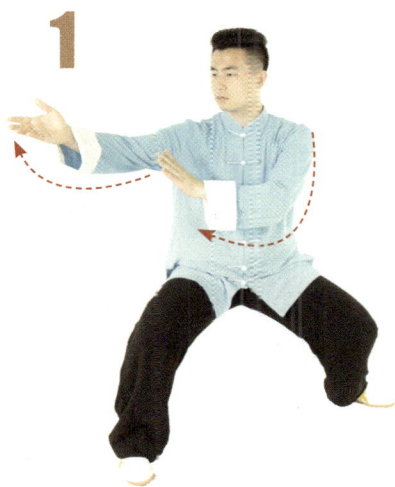

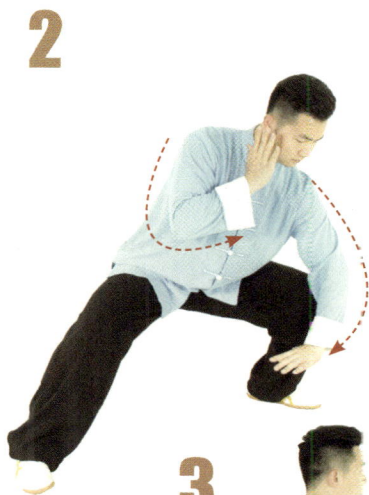

① 两脚呈弓字步；两手向右侧移动，右手前伸，与肩齐平，掌心向上，左手移动到胸前，掌心向外；眼睛看向右手。

② 重心往左移至左腿上；左手移动到左腿的小腿位置，右手移动到耳朵的位置，贴近耳朵；眼睛向下看。

③ 右腿伸直，左腿屈膝，重心在左脚上，左臂与肩同高，握拳，拳心向下，右手移到胸前，贴近右上臂内侧。

换个角度看一看

4

④ 脚和第3步一样保持不变；两臂伸直，左手保持不变；目视前方。

⑤ 右腿微微弯曲；右手向右移动，与下巴齐平，手臂略微弯曲，掌心向外，左手保持不变。

5

6

⑥ 姿势不变，右手立起，掌心向外。

小提示

右手向外翻掌前推时，要随转体边翻边推出，不要翻掌太快或最后突然翻掌。

此动作是从第5步转变而来的。

换个角度看一看

12. 搂膝

1　**2**　**3**

① 接上式，右手竖起，手指向上，左钩手和下半身姿势不变。

② 右手向下画弧，左钩手变掌，左臂微微向下。头微低看向右手。

③ 身体向左侧转动，右手向下画弧，翻掌掌心向上，至膝盖位置。

换个角度看一看

4

5

④ 身体继续向左侧转动，左手翻掌，掌心朝上。两臂上抬至与胸部齐平。

⑤ 重心右移，左脚蹬地脚尖触地。上身直起两臂向上抬起。

6

7

⑥ 两臂回收，身体往后倾，两手抬到与肩齐平。目视左手。

⑦ 两手立掌，掌心相对，指尖朝上。

换个角度看一看

13.拗步

从上一步回归到此动作，具有承上启下的过渡作用。

① 接上式，两手掌心向下，由左向右侧推掌。

② 左脚脚尖点地收于右腿内侧，上身微向右转，右手继续向外画弧，左臂移至胸前掌心向下。

③ 右臂伸直，右手翻掌掌心向上。左臂继续向左侧伸展，掌心向前，眼随手动。同时左脚向左侧迈步，脚跟触地。

④ 左脚踏实，重心落于左腿。右腿提起贴于左腿内侧。身体左转，同时右臂屈肘向上至面部位置，掌心向左。左手掌心向下，下按至胯部位置。

换个角度看一看

⑤ 右脚向前上步，脚跟触地；右臂伸直向下、向前推手，掌心向前。

⑥ 重心前移，右脚踏实，左腿蹬直，呈右弓步；右手继续向下画弧，掌心向下。

⑦ 左脚抬起，贴于右腿内侧；左臂屈肘提起，掌心向右，指尖向上置于头部左侧；右手继续下按至胯部，手臂伸直。

⑧ 随即，左腿向左侧迈步，脚跟触地，脚尖内扣。同时左手前推。

换个角度看一看

14.掩手肱拳

"掩手肱拳"这一名称，直接表达技击动作。指在转身的同时，以两手向左右搬移对方之来力，然后用左立掌拦阻来手，随之以右手进击其肋和胸部之意，故此得名。此势包含搬拳、拦掌和打拳 3 个手法。

1

① 接上式，随即两手合内，交叉于胸前，右手在前，手背相对。

② 左脚踏实，身体下蹲，重心略向左移，同时两手下压，掌心朝下。

2

③ 身体重心左移，呈左弓步，两手向体侧撑开。

④ 两腿保持不动，两手向两侧伸直撑开，高与肩平，左掌心向前，右掌心朝后。

3

4

⑤ 左腿蹬直，身体重心右移，两手翻掌内旋，右手变拳，拳心向上，左臂屈肘，左手向内翻掌。

⑥ 身体略向左侧偏转，同时右拳后收。左腿屈膝蹬地。

小提示

在做掩手肱拳第7步的时候注意手向外翻掌前推时，要随转体边翻边推出，不要翻掌太快或最后突然翻掌。

⑦ 身体向左转动，重心移至左脚，右拳向前出拳。

8

在做此动作时
要注意左手的
姿势。

⑧重心移至左脚，右腿蹬直；左手紧贴胯部，右臂握拳伸直，与肩同高，拳心向下；目视前方。

换个角度看一看

15. 金刚捣碓

① 左腿弯曲，右腿蹬直呈左弓步，身体转向左边；左手在上，五指张开，掌心向外；右手在下，掌心向上；眼睛看向右手。

② 身体慢慢往右转，右腿弯曲呈马步；左手下按至左腿膝盖处，掌心向下；右手向右侧画弧，与肩齐平，五指张开，掌心向外；目视前方。

③ 重心移至左腿上；左手继续向下按掌，掌心向下；右手向右上推掌，与耳朵同高，五指张开，掌心向外；目视前方。

换个角度看一看

4

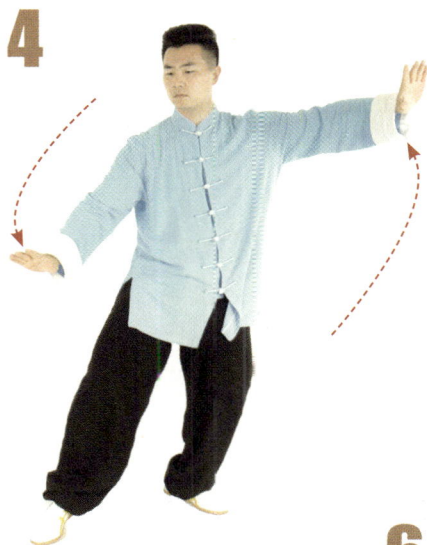

④ 重心移至左脚，右腿收回，微微弯曲；左手往左上方走，五指合拢，掌心向外；右手往右下方走，五指合拢，掌心向下。

⑤ 左手收回到鼻子的高度，掌心向下；右手继续往右下方走，五指张开，掌心向外，右脚抬起。

5

6

在做金刚捣碓第6步时要注意呼气。

⑥ 右脚向前一步，脚跟抬起，左腿弯曲；右手翻掌上抬，掌心向上，左手落于右臂之上。

正误对比

在做这个动作时要注意手臂应该为纵向

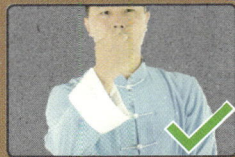

❌

✅

换个角度看一看

➡ ➡

7

8

⑦ 左腿微微弯曲, 右脚脚跟放下; 左手往下走, 五指并拢, 掌心向上, 放在腹部的位置, 紧贴腹部, 右手握拳向上与鼻尖齐平; 眼睛看向右手。

⑧ 两脚保持不变; 左手五指并拢, 掌心向上, 放在腹部的位置, 紧贴腹部, 右手握拳往下至左手上方, 拳心向上; 眼睛往下看。

9

10

⑨ 右脚抬起与左腿膝盖齐平, 左脚直立; 左手仍位于腹部, 右手往上抬至鼻子下面的位置; 目视前方。

⑩ 右脚放下, 两腿呈马步, 两腿微微下蹲; 左手不变, 右手向下至左手上, 拳心向上; 目视前方。

换个角度看一看

16. 撇身捶

撇身捶，在缠丝上强调"身似侧卧微带扭"，如此劲力方可达到节节贯穿盘旋而上，不可平面地左顶右合、目视足尖，此为本式的重要之处。

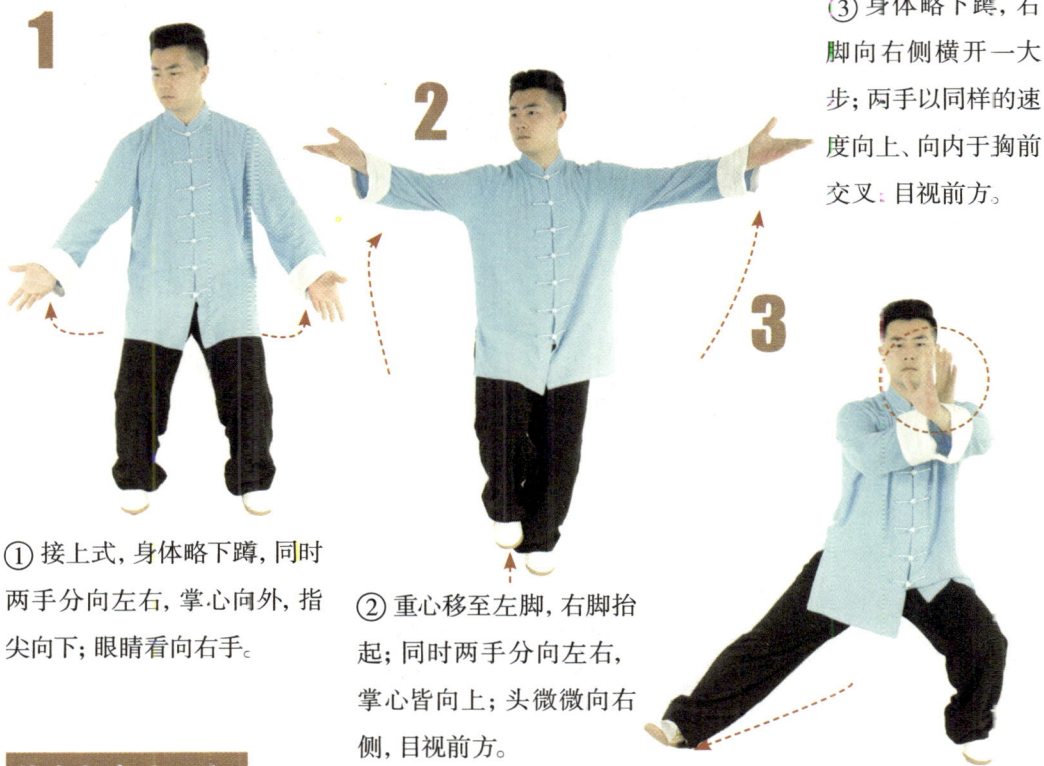

1

① 接上式，身体略下蹲，同时两手分向左右，掌心向外，指尖向下；眼睛看向右手。

2

② 重心移至左脚，右脚抬起；同时两手分向左右，掌心皆向上；头微微向右侧，目视前方。

3

③ 身体略下蹲，右脚向右侧横开一大步；两手以同样的速度向上、向内于胸前交叉；目视前方。

换个角度看一看

④随转体重心右移，右腿弯曲，左腿伸直，呈右弓步；右手向内合于左臂上，左手不变。

⑤重心左移，左腿弯曲，右腿伸直，呈左弓步。左手上抬至鼻子高度，掌心向外，右手随之向上移动。

⑥重心向右移，身体下蹲，左腿伸直，右腿弯曲；左手在斜上方，右手在右腿的膝盖处，掌心向下。

⑦身体继续下蹲，略向右侧偏转，右腿弯曲，左腿伸直；左手往右侧移动，与头齐平，右手继续向下按掌。

换个角度看一看

8

⑧ 身体向右转，左腿蹬直，重心移至右脚；随着转体右手翻掌向上，左手向下置于胸前。

9

⑨ 身体左转，左腿微微弯曲，头也跟着转动；右手不变，左手向下至右腿膝盖处，掌心向下。

10

如侧面局部放大图所示，在做此动作时要注意右手的姿势。

⑩ 身体继续左转，右腿蹬直，重心移至左腿。右臂屈肘，左手向下按至左腿膝盖处，掌心向下，右手五指张开，掌心向上。

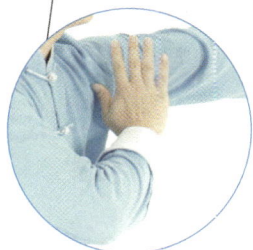

换个角度看一看

→ →

11 (1)

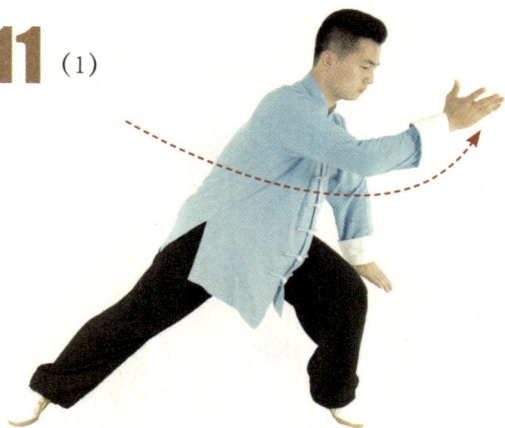

小提示

在做撇身捶第 11 步时要
注意拳、肘、足尖要形成
一条斜线。

11 (2)

⑪ 右腿蹬直,上身略直起。左手下按于体侧,
而后五指张开,放于胯部。右手掌心向上画弧
至与肩齐平,手掌成拳。两腿屈膝蹬地。

12

⑫ 身体向右偏转,右臂向上提起,右腿弯曲,
脚尖向外,左腿微微弯曲,左手保持不变。

换个角度看一看

17. 青龙出水

青龙出水是一个近身的发力动作。通过转体绕臂、左转旋臂、撩弹收拳、马步弹拳来完成。

1

2

① 接上式,上身先微左转再右转,重心也随之先左移再右移;拳心向下,左臂屈肘。

② 同时,右臂伸展,向左画弧置于身体右前方,右拳同腹高,拳心斜向上;左手向上置于胸前。

③ 身体右转,右腿蹬直。同时,右拳内旋收于腰侧,拳司腹高;左手前推,掌心向外。

④ 身体迅速左转,重心移向右腿成右偏马步。同时,右拳内旋迅速向右前下方发上至右膝前上方,屈肘屈腕;左手随即下按至体侧。

3

4

换个角度看一看

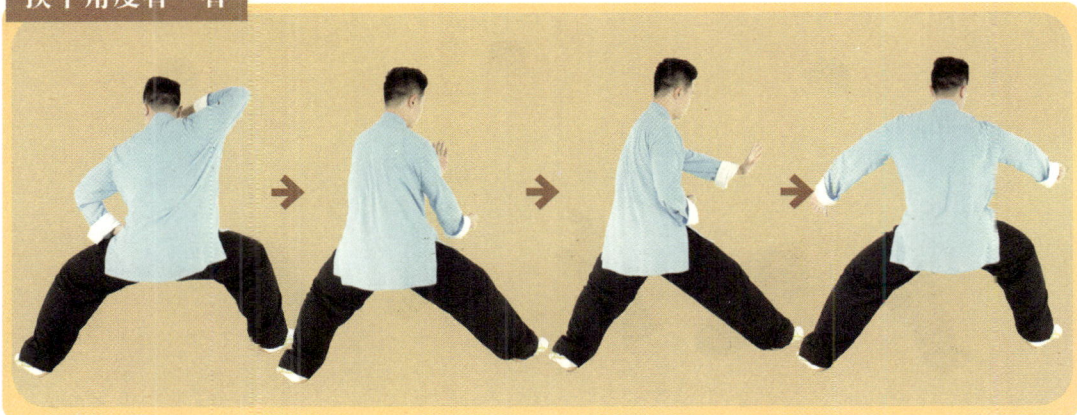

5

6

⑤ 身体右转，重心移向右腿，左腿膝盖弯曲；右拳心斜向内侧，左手同右拳的出拳速度，屈肘收贴于左腹部，掌心向内；目视左手。

⑥ 身体向左转，左手收回，手掌往内翻，在腹部的位置；右手往下放，到左手的下面，继续握拳；两腿略微屈膝，呈马步。

⑦ 身体继续左转，左手翻掌向左置于胯部；右臂伸直，拳心向下位于右膝上方。

7

如局部放大图所示，在做此动作时要注意左手的姿势。

换个角度看一看

18. 双推手

双推手，顾名思义就是双手推法，掌心向外推，在太极拳中叫"按"。

① 两脚开立下蹲，呈马步状；左臂弯曲，左手五指张开，掌心斜向外，放在腹部；右手弯曲，掌心向外。

② 重心略向左移，左腿弯曲；左手向下按掌，五指并拢，掌心向下；右手伸直，掌心斜向外。

小提示

左手向外翻掌前推时，要随转体边翻边推出，不要翻掌太快或最后突然翻掌。

③ 重心移到左脚，左腿屈膝；左手翻掌，向左侧推掌，五指并拢，掌心向下；右手向左侧画弧，掌心斜向外。

4

5

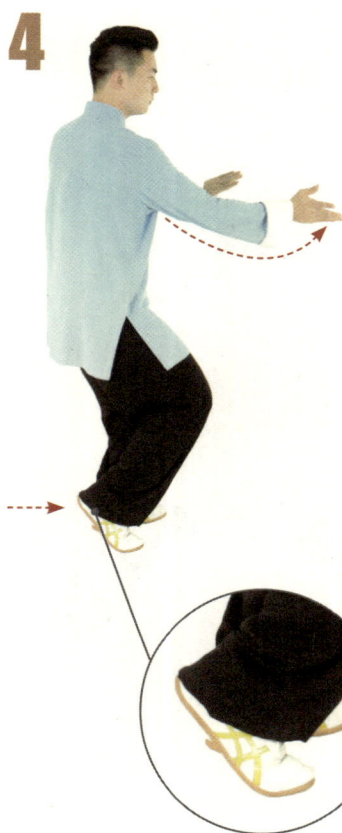

④ 左腿不变，右腿收回至左腿内侧，脚尖点地，脚跟抬起。左臂略微屈肘，掌心斜向下，右臂略微弯曲，掌心斜向上。

⑤ 左腿弯曲，右腿伸直跨步，脚跟着地，脚尖抬起；左手五指并拢，掌心向外，右手五指并拢，掌心斜向外；目视前方。

如局部放大图所示，在做此动作时要注意脚跟抬起，脚尖点地。

注意保持呼吸的柔和、均匀、细长。

⑥ 重心移到右腿上，右腿弯曲，左腿蹬直；左臂弯曲，手指与耳朵同高，五指张开，掌心斜向外，右手掌心向下，五指并拢；目视前方。

6

7

⑦ 右腿直立，左腿弯曲收于右腿内侧，脚尖点地，脚跟抬起；两手指尖相对；目视前方。

8

⑧ 左腿弯曲，脚尖点地，脚跟抬起；两手同时向外推出；两腿微微弯曲；目视前方。

小提示

在初学双推手时，动作要慢一些，要认真体会并掌握掤、捋、挤、按4种手法的运动规律和运行路线。

换个角度看一看

19. 肘底看拳

肘底捶即肘底看捶式，是陈氏太极拳的基本拳法之一。

① 接上式，上身略向右转。左臂在上与肩齐平，左手掌心向外；右臂向下画弧，掌心向下。

② 右手翻掌，上抬至胸部，掌心向上。左手向下按掌至右手下方，掌心向下。

小提示

注意两肩不要上耸，松腰胯；两臂须呈弧形，不可挺直。

③ 此动作应按图中箭头所指方向，右臂抬至与肩平的位置，右手掌心向外，眼看右手。

④ 两腿保持不变，两臂画弧向外撑开。

⑤ 腿不动，右手握拳放于腹部，左手上举与眼齐平，掌心向右。

⑥ 重心左移，左臂弯曲，右前臂随即横于腹前，拳心向内。

⑦ 腿不动，两手微微向前推出。

换个角度看一看

20.倒卷肱

太极拳的各家流派中都演练"倒卷肱"这一拳式，但是各家的名称又不一样。各家流派历经几百年的不断发展变化，所演练的拳式走架和赋予拳式的内容也各有差别。

1

① 接上式，重心右移，右手掌心向下位于胯部，左臂与肩齐平，掌心向外。眼睛注视右手。

2

3

② 右手翻掌，掌心向上经腹前由下向后上方画弧平举至与肩齐平，左臂不动；目视左手。

③ 重心移至右腿上，右臂屈肘折向耳旁，掌心向前；按图中箭头所指方向，左脚经右脚内侧向后迈步后撤。

换个角度看一看

4

④ 左腿轻轻提起向后(偏左)退步，脚尖着地，左脚慢慢踏实，身体重心移到左腿上；左臂屈回向后收手，掌心向上。

5

⑤ 重心左移，左手经身前从身侧伸直，与肩同宽，目视前方。

6

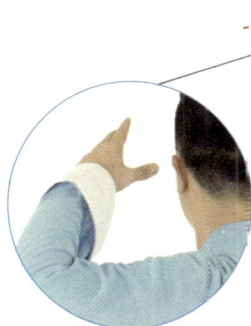

⑥ 重心移至左脚，右脚抬起脚尖点地。左臂折臂收回至耳侧，头部向右侧偏转。

如背面局部放大图所示，在做此动作时要注意左手的姿势。

换个角度看一看

7

8

⑦右腿向后撤步蹬直，呈左弓步。左脚掌着地，身体左转；左手顺势向前推出，与肩同高。右手略向下移动。

⑧身体右转，重心右移，两腿屈膝下蹲。左手与肩齐平向前推掌，右手向下画弧，位于腿部上方。

弓步时上身中正，切忌两脚踩在一条直线上或左右交叉。

⑨身体重心右移，左腿伸直，右手翻掌时右臂伸直，与肩齐平。

⑩左腿抬起收回，脚尖点地。右手折臂于耳侧位置。

9

10

换个角度看一看

11

⑪ 左脚后撤，右脚蹬地。右手五指分开，由耳侧向下推掌，掌心向左，与下巴齐平；左手位于右手下方，掌心向下。

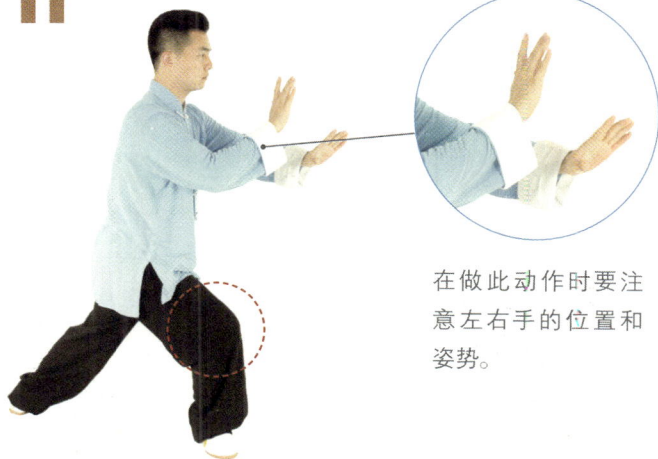

在做此动作时要注意左右手的位置和姿势。

12

⑫ 右手继续向前推出，掌心向前；然后右脚慢慢踏实，身体重心移到右腿上。

13

⑬ 上身微向右转，同时右手随转体向后上方画弧平举，掌心向上，左手随即翻掌，掌心向上；眼睛注视右手。

换个角度看一看

14

⑭ 左臂屈肘折向前，经过
耳旁，右臂伸直后屈肘后撤，
掌心向下；右腿轻轻提起向
后(偏左)退一步，脚尖着地。

15

⑮ 左臂屈回向后收手，掌心向上，右手由
耳侧向前推出，掌心向下；同时左腿脚尖
着地，然后全脚慢慢踏实，身体重心移到
左腿上，呈左弓步。

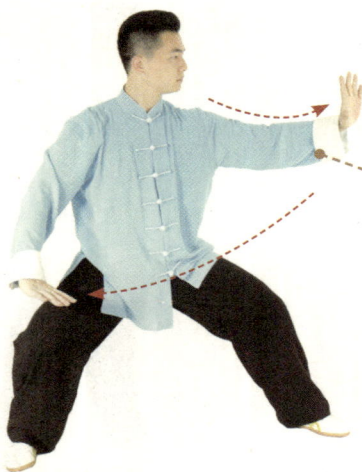

在做这个动作时，首
先要注意收右手时
沉肩坠肘、屈腕，然
后卷臂，用腰带动
体现卷缠劲。

16

⑯ 右臂后撤到右腿的位置，五指并拢，掌
心向下，身体微左转，头部保持不动；左
手前伸，略微弯曲，掌心向外；眼看左手。

换个角度看一看

17

18

⑰右手向右侧平伸，与肩同高，掌心向上，左臂保持不动。

⑱右臂屈肘折臂向前，经过耳旁。左臂保持不动。左腿后撤，停在右脚脚跟处。

⑲右臂在胸前与左臂交叉。左腿后撤呈弓步。

⑳右手向前画弧伸于，与肩同高，掌心向前。左掌向下画弧至左膝位置。

19

20

换个角度看一看

21. 白鹤亮翅

1

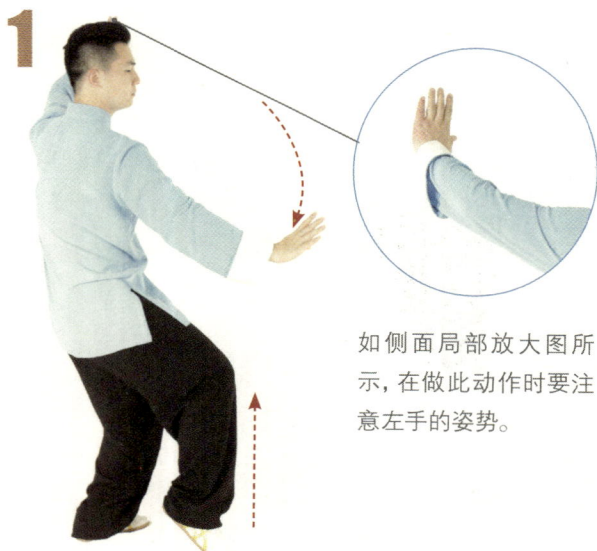

如侧面局部放大图所示，在做此动作时要注意左手的姿势。

① 接上式，右手经胸前向下画弧。左手掌心向外，与头同高。右脚向后撤步，脚尖触地。

2

② 右脚后撤，身体略向前倾成左弓步，两手在胸前，掌心上下相对。

3

4

小提示

在做此动作时要注意，胸不要挺出，两臂上下都要保持半圆形，腿要微屈。身体重心后移，右手上提、左手下按要一致。

③ 重心右移，同时上身再微微向右转；两手回收在胸前交叉。

④ 左腿回收，右手随转体慢慢向右上；右手上提，停于右前额顶部，掌心向右后方，左手停于右腕旁，掌心向下。

5

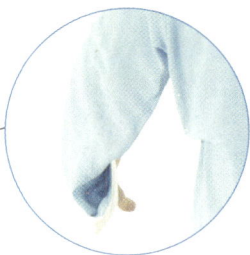

做此动作时要注意，左手不要挨着衣服。

⑤ 右手掌心向前，左手缓缓放至腰间，掌心向下，两腿微微弯曲，目视前方。

换个角度看一看

22.斜行

1

① 接上式，右手由上向左下方画弧，左手姿势不变。

② 身体略向左转动，右手继续向左侧画弧，手掌心向左。

2

3

③ 右手掌心向下，左臂屈臂向上抬起，掌心朝右侧，指尖朝上。

4

④ 上身保持不动，重心移至右脚上。两腿微弯曲，同时抬起左脚，脚尖点地，贴于右腿内侧。

换个角度看一看

⑤ 左脚向左侧跨步，重心移至右脚上。同时，右臂略向上抬。眼睛注视左手。

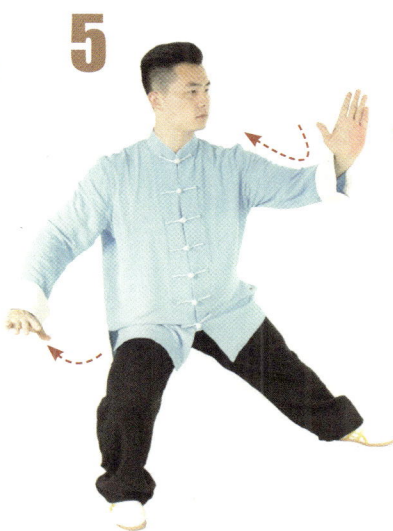

⑥ 两脚分开呈马步；两手向右移，右手翻掌上抬至与肩齐平。左手向右画弧至胸前，掌心向下。

5

6

7

8

⑦ 重心向左移到左腿上；左手移至左腿的小腿位置，右手移耳朵的位置，贴近耳朵；眼睛向下看。

⑧ 右腿蹬直，左腿弯由，重心在左腿上，左手与肩同高，握拳，拳心向下，右手移到胸前。

换个角度看一看

9

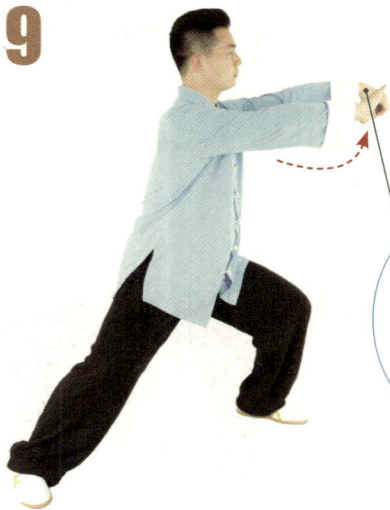

⑨ 两脚保持不变；两臂伸直，左手拳不变；目视前方。

在做此动作时要注意左手的动作。

10

11

⑪ 姿势不变，右掌立起，掌心向外。

⑩ 身体右转，重心不变，身体微左转，既而两肩下沉，左手高与肩平，钩尖向下；右手塌腕，指尖斜向上，掌心斜向前；目视右手。

换个角度看一看

23.闪通背

闪通背，是太极拳的一个招式名称。以腰椎为轴，两臂随腰部转动横向展开，齐力发于背部。

① 接上式，左臂与肩齐平，右臂微屈向左侧推掌。

② 右腿略微弯曲，重心稍向右移。两手由上向右下方画弧。

③ 重心移至右腿上，左腿抬起，脚尖触地。右臂上抬与肩齐平，掌心向外；左手翻掌向上，眼睛注视右手。

换个角度看一看

4

④ 两腿保持不变。左臂伸直向上画弧至与肩同高，屈肘，置于胸前，掌心向下。右手掌心向下画弧。

注意屈膝分掌时吸气。

5

⑤ 随即身体略向左转，重心略向左偏移。左掌心向外，五指张开，手臂向外伸展。右手翻掌向上画弧。

6

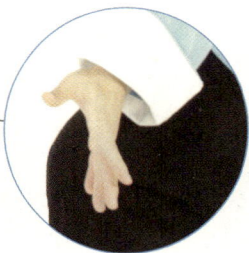

根据背面局部放大图来看左手的姿势。

⑥ 身体先微下沉左转，重心不变，左脚尖点地；同时，随转身，右手先顺后逆缠，向左、向上、向右上挪，掌心朝外，指尖向左前方；左手顺缠向下、向左画弧合于左胯侧；目视左侧。

换个角度看一看

7

⑦ 身体向右转，重心在右不变，同时，随转体左腿向前跨步，脚跟触地；同时，左手掌心向上抬臂画弧。右手向下画弧至胯部，掌心向下。眼睛注视左手。

8

⑧ 左腿屈膝，左脚踏实，重心向左移动。左手翻掌向下至与腹部同高，右手翻掌向上至腹部。眼睛注视左手。

9

如局部放大图所示，在做此动作时要注意右手的姿势。

⑨ 身体微左转，重心移向左腿；同时，右手顺缠，经胸前穿掌，掌心向上，左手逆缠向下画弧。

换个角度看一看

10

⑩上身直起，左腿不变，右腿蹬直；左手放在左腿的侧面，掌心向下，右手伸出，手臂微微弯曲，掌心向上；目视右手。

在做此动作时要注意左手的姿势和位置。

11

12

⑪左腿不变，右腿弯曲；左手不变，掌心向下，右手翻掌，指尖向斜上方，掌心向外。

⑫右腿不变，左脚脚尖向右侧旋转。左手向前移至左膝位置，右手指尖指向左侧。

换个角度看一看

13

⑬ 左腿直立，右腿抬起，收于左腿内侧，脚尖触地；左手掌心向下，右臂略向右侧移动，手与嘴同高，掌心向外。

⑭ 身体向右侧偏转，右腿屈膝抬起，脚尖向下，膝盖与腹部齐平。右手指尖向上，左臂向侧方伸展与肩齐平，掌心向外。

14

15

如背面局部放大图所示，在做此动作时要注意右脚是斜向下。

在做这一步的时候注意头、腰、腿保持一条直线。

⑮ 腿不变；左右手收回，交叉于胸前；目视前方。

换个角度看一看

① 接上式，两手合内，交叉于胸前，右手在前，手背相对。

② 左脚向左侧迈出，脚跟触地，同时两臂微抬，掌心朝下。

③ 身体重心左移，两腿屈膝下蹲，两手向下压，停在腹前，目视手掌。

换个角度看一看

4

④ 右腿蹬地，身体重心向左移动。两手掌心向下，手臂向上方抬起。

5

⑤ 两臂撑开于身体两侧，与肩齐平；视线追随左手。

6

左腿虚步点地，两掌下沉相合，转身提膝松胯，要与两掌左上右下发劲完整一气。

⑥ 重心右移，两手翻掌内旋。右手变为拳，拳心向上，左臂屈肘，左手向内翻掌。

换个角度看一看

7

⑦ 重心略微移至左腿上，双腿屈膝。右拳略向下收于体侧，左手收回至与下巴同高的位置；眼睛看向左手。

8

⑧ 重心在左脚，右腿蹬直；左手收回至胸前，右手握拳，向上向前出拳。

9

如背面局部放大图所示，在做此动作时要注意左手的姿势。

⑨ 右腿蹬直；左手紧贴胯部，右手握拳向前方打出，与肩膀同高，拳心向下；目视前方。

换个角度看一看

25.六封四闭

在做此动作时要注意左手的姿势。

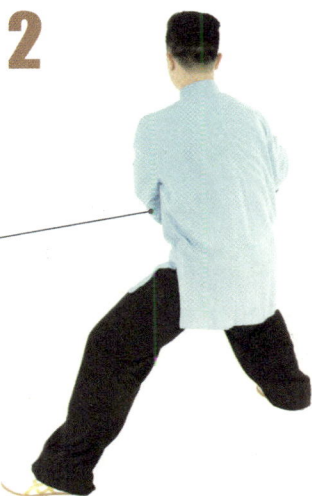

① 上身微右转，重心随之移至右腿；同时，右手以腕为轴先向内再向外旋转绕一圈，左手轻贴左腹向上内旋后屈腕上提，再外旋向右、向下、向左绕一小圈；目视右手。

② 上势不停。身体下沉，重心移至左腿；同时，两手左逆右顺缠，下将至两髋部前，左掌心朝下，右掌心朝前；目视右前方。

③ 重心不变，右腿蹬直，身体左转；左手掌心向外侧，右手掌心向上，弧线路线向左、向上，眼随手动。

④ 重心不变，身体微下沉、左转，右腿随转体收于左腿内侧，脚尖点地；目视右前下方。

5

6

两手斜按时，胸腰要微向左上转。

⑤重心不变，右腿蹬直，身体左转；两掌相合，左手掌心向外侧，右手掌心向上，弧线路线向左、向上至与肩齐平，眼随手动。

⑥左腿蹬直，身体重心移至右腿上，身体右转，左臂屈肘内旋向下，手掌与头同高，掌心向内，右手至于下巴下侧。

小提示

要保持半圆形，腿要微屈。身体重心后移，右手上提、左手下按要一致。

7

⑦上身左转，两臂屈肘，重心移至右腿上；左腿屈膝外展收至右脚内侧，左脚脚尖点地，上身右转；随转体，两手虎口斜相对，掌心斜向下；目视双手之间。

如背面局部放大图所示，在做此动作时要注意左脚脚跟应抬起。

8

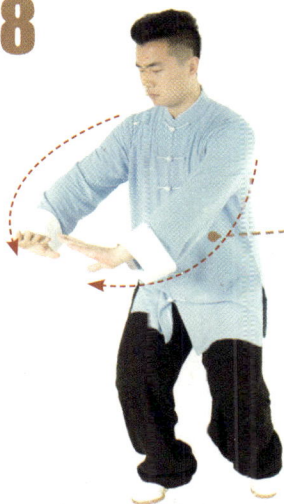

上身须端正，不要前俯后仰。

⑧ 左右脚不变，左脚继续脚尖点地；两手向下按，手臂微微弯曲，两手掌心斜向下，五指张开；眼睛看向两手的中间。

换个角度看一看

1

2

3

① 接上式，右脚踏实，重心落于右脚，左腿屈膝，左脚尖点地；左手掌心向上至体前与腹部齐平，右手掌心向左位于左臂内侧。

② 右手呈钩手由内向外抬臂，掌心向下；左手掌心向上，向腹部收回。

③ 右臂抬起伸直与肩部齐平，左手掌心向上贴于腹部。

换个角度看一看

4

5

④左脚收至右脚内侧并抬起，两手保持不动。

⑤左脚向左侧跨出一大步，重心慢慢左移，保证脚跟率先着地，左腿蹬直。头部转向左侧。

6

7

⑥重心移向左边，右腿蹬直，左腿弯曲。

⑦重心移向右腿，右腿屈膝前弓，左腿自然蹬直；左手经面前翻转慢慢向前推出。

换个角度看一看

8

9

10

⑧ 上身继续右转，右手伸直呈钩手，左手放在胸前，掌心向下；两脚分开做马步，腰直立；眼睛看向前方。

⑨ 接上一步，脚保持不变；右手的位置不变，左手向左侧推掌；眼随手动。

⑩ 两腿略微下蹲，重心向下。两臂伸直，面向前方，两腿保持动作不变。

换个角度看一看

27.云手

此式指两臂交替地循环运转，因其手势如行云飞空，动作绵绵不断，故取此名。重点要做到以腰为轴，转腰带手。

1

①接上式，左右腿弯曲；左手在与耳朵同高的位置，五指张开，掌心向外，右手在右腿的大腿位置，五指并拢，掌心斜向下。

如局部放大图所示，在做此动作时要注意右手的姿势。

2

②身体重心移至左腿上，身体渐向左转，右腿自然蹬直，左腿弯曲；左右手五指并拢，掌心斜向外。

3

③重心落于双腿之间，左手向下按掌，右手翻掌向上，与下巴齐平，目视前方。

4

④ 重心移到右腿上，左腿自然蹬直；右手向右侧移动，与鼻子同高，五指张开，掌心向外；左手向右侧画弧，到左腿大腿处，掌心向下。

开步云掌时应呼气。

5

⑤ 身体略向右转，左手随之向右前方画弧，右臂微微向下，指尖向上，掌心向前。眼睛注视右手。

小提示

我们做云手动作时必须以腰为轴，带动四肢、躯干有规律地运转。

⑥ 重心向左侧移动，双腿略微弯曲，脚尖向前；右手向下至膝盖处，掌心斜向下，左手往向上与脖子同高，掌心向下。

6

7

在做此动作时要注意右手的姿势。

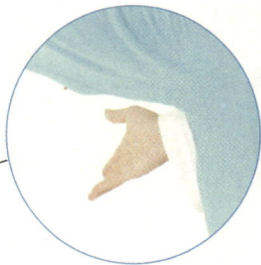

⑦ 左腿屈膝抬起收于右腿内侧，右臂向上抬起，准备翻掌。左手掌心略斜向下，向下按掌。

8

⑧ 两腿不变；左手下按，掌心向下，右手上抬至胸前，掌心向下。

9

⑨ 重心移到右腿上，右腿弯曲，左腿自然蹬直；左手翻掌向上，掌心斜向外，右手五指张开翻掌向下，掌心向外。

换个角度看一看

28.高探马

　　探，应该是伸出手臂去触摸的意思，因此动作外形像高高地站立在马镫上探路，或者说像探身跨马之势而得名。

1

① 两腿弯曲呈马步；右手五指张开，掌心向下，左手在胸前，掌心向下。

② 重心移到左腿上，右腿自然蹬直；左手伸出去，五指张开，掌心向外。

2

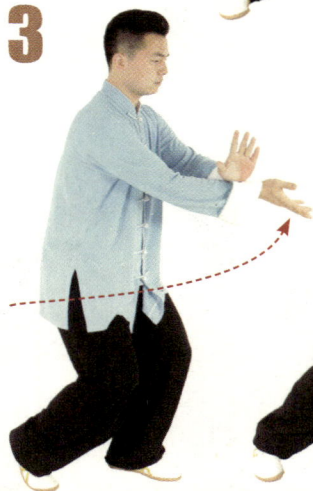

③ 右腿屈膝收回，右脚脚尖着地；右手移动到左手的手腕处，右手的手腕与左手的手腕贴近，左手五指张开，掌心向外，右手掌心向上。

④ 左腿保持不变，右腿蹬直；左右手分开，左手略微向上，右手翻掌向下，手臂伸直，掌心向下。

3

4

换个角度看一看

5

右转搠臂时应
吸气。

⑤ 重心移动到右腿上；左手向左推掌，手的姿势
不变，右手移动到右腿上，掌心向下；目视右手。

6

⑥ 腿的位置不变，身体右转；左臂伸直，
掌心斜向外，右手翻掌上抬，向右侧伸
展，掌心向上；头转到右边，目视前方。

7

做此动作时要注意
左脚脚跟抬起。

⑦ 右腿向内侧弯曲，左腿蹬直，脚尖着地；
左手掌心向下，右臂屈肘，右手与额头同高，
右手掌心向内，指尖向上。

8

⑧ 身体向左转，左脚后退一步，脚尖点地；两手收回，右手置于左手的上面，五指张开，掌心向外；目视前方。

9

⑨ 身体向左，左手移动到腹部位置，右臂向侧方伸直，掌心向外，两腿微微弯曲。目视右手。

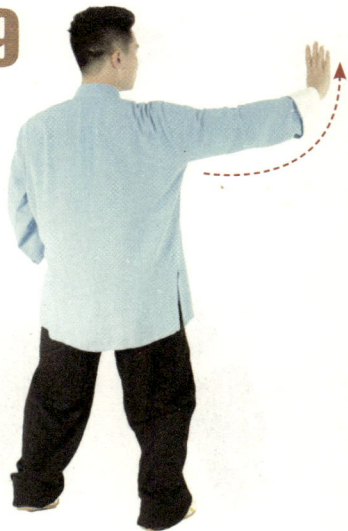

换个角度看一看

29.右擦脚

此式是以左脚支撑体重，把右脚蹬出，故取此名。蹬脚的动作比较复杂，难度较大，要求有较强的腿部力量和支撑平衡能力。重点抓住"稳"和"协调"两个关键点。

1

① 两腿分开，微微弯曲，左右手都在右边，右手在上，左手在下，左右手掌心都斜向外；头转到右边，眼睛看向右手。

2

3

③ 身体继续左转，转向后面，右手抬起，与眼睛同高，右手在左手上面，掌心向外。

② 身体向左转，重心向下，两手向下画弧。左手到右腿的大腿位置，右臂向下伸直；两腿弯由呈马步。

换个角度看一看

4

④ 两腿不变；右手向下画弧，左手位于右腿上方，右手五指并拢，掌心向下。

5

⑤ 重心移到右腿上，左脚抬起，脚尖指地；左臂向上伸展画弧，掌心向外，右手向左移动，右手贴近身体移动。

6

7

⑥ 左脚向右前方迈步，右脚在后，右脚跟抬起，两腿屈膝下蹲；两手在胸前交叉。

⑦ 随即，两腿的位置不变，站起来；两手交叉放到与头同高的位置；目视前方。

换个角度看一看

8

9

⑧ 两手不变；左腿收回直立，右腿抬起，膝盖与腹部齐平，脚尖斜向下。

⑨ 左腿略微弯曲，右腿向上伸直。同时，两手向身体两侧撑开，掌心向外。右臂与右腿上下相对。

双掌合抱交叉要与转身动作同时开始、同时完成。

10

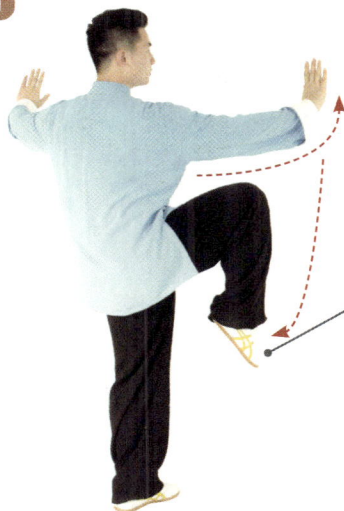

⑩ 左腿支撑，右腿屈膝回收，膝盖与腹部齐平，脚尖向下。两臂略微屈肘，手腕与肩平。

在做此动作时要注意右脚脚尖朝下。

换个角度看一看

30.左擦脚

左擦脚是以肢体运动姿势来命名的拳势，是传统陈氏太极拳中的代表腿法。"擦"字，是指此腿法的攻击力，凡是有接触摩擦的地方由下至上皆可作为攻击点，体现出太极拳"挨到何处何处击，周身皆手"的功夫。

1

2

① 左腿弯曲，右腿直立，右脚脚尖抬起；左右手交叉于胸前，左手在下，掌心向上，右手在上，掌心斜向内；眼睛看向右手。

② 身体右转，两腿屈膝下蹲，左脚在后，脚跟抬起；两手交叉在与头同高的位置，左手在前，五指张开，掌心向外，右手在后，位于左手的手腕处，掌心向外。

③ 随即，蹬地站起，腿的位置不变。两手保持原有姿势向上抬起，左手高过头。

④ 右腿直立，左腿抬起，脚尖向下；两手分开，五指张开，掌心斜向上。

3

4

如背面局部放大图所示，在做此动作时要注意左脚脚跟抬起。

⑤ 两手继续向两侧分开，左手五指并拢，掌心向外，右手五指并拢，掌心向外；左腿向上伸，左臂与左腿保持一段距离；眼睛看向左手。

⑥ 右手和右腿不变，左手往下、左腿往上；左臂和左腿贴紧，左手和左腿保持距离。

⑦ 左手向上，左腿向下，左腿弯曲，右腿不变；右手略微向下，微微弯曲，五指张开，掌心向外。

⑧ 左腿再次向上抬起，左前臂贴近小腿处。其他动作不变。

⑨ 右臂肘关节微屈，两腕与肩平；左腿与左臂上下相对，左脚向上勾起；目视左手。

⑩ 右腿撑地，左腿屈膝向下收回，脚尖向下。左臂略微屈肘。

换个角度看一看

31. 左蹬一根

左蹬一根是以身体运动姿势来命名的拳势，是传统陈氏太极拳中比较厉害的一种腿法。应用时可随高就低，战术上采用了"引中有打，打中含化，上下合击'之法，技击中主要以腿法为主，暗含肩、靠、胯打之法，步法可进可退，不拘泥于固定的招式，可因对方的变化而变化。

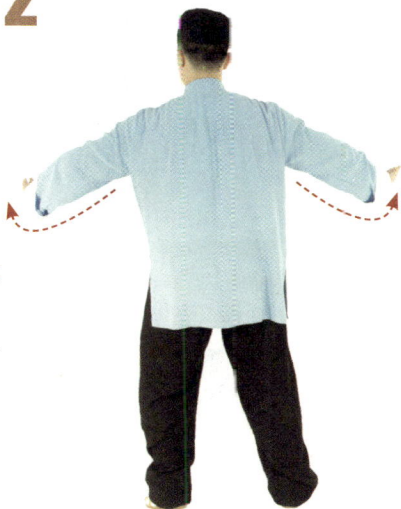

① 左手逆缠外掤，右手先顺缠略里合再逆缠，与左手同时外掤，两掌心均朝外；同时，右脚蹬地，左脚脚尖着地。

② 重心左移，左脚踏实与右脚齐平。身体向左转，两腿微微弯曲，双手向外展开，掌心斜向下。

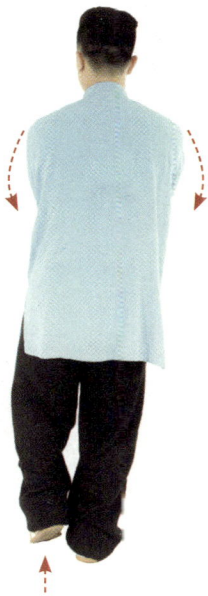

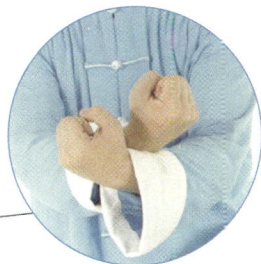

如背面局部放大图所示，在做此动作时要注意左右手的姿势。

③ 两手轻握拳，顺缠里合于腹前，拳心向里；同时左腿屈膝提起，脚尖放松。

④ 右腿支撑重心，身体略右倾，左脚继续向上抬起。

5

6

⑤左脚用腰裆力向左侧平蹬；双拳分别向左右两侧冲击。

⑥左腿弯曲，脚尖向下；左手收回，右手五指张开，掌心向前。

32. 前趟拗步

前趟拗步是以肢体动作来命名的拳势，"趟"字用在步法有试探的意思，主要表现两腿如临深渊，如履薄冰的轻灵劲，两脚的两次连续进步中都暗含腿法，用的时候要使对方无法察觉。

1

两手左右分展与左脚蹋摆要协调一致。

① 两手展开，左臂弯曲，五指张开，掌心向外。右手在下面，五指张开，掌心向外。左脚在前，脚跟着地。

2

3

② 身体左转，右腿向前一步；右手抬起向上，左手向下。

③ 左腿弯曲，右腿向右前一步，脚跟点地；右手前伸，左手往左后移动。

换个角度看一看

4

④右腿弯曲，左腿自然蹬直；左手抬起，指尖与头同高，右手向下移动，掌心向下。

5

⑤右腿不变，左腿向前靠近右腿，左脚抬起；左手往前方移动。

6

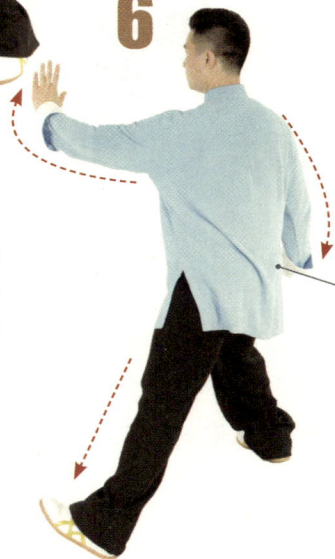

⑥左脚蹬直，脚跟点地；左手向前伸，五指张开，掌心向外，右手五指并拢，掌心向下。

如背面局部放大图所示，在做此动作时要注意右手的姿势。

换个角度看一看

33.击地捶

击地捶为下掩手法。敌已倒地,复向前进一步击地,属下掩手补击,力求歼敌。

1

① 接上式,上身右转。两手成拳,左拳经胸前向下画弧,右臂略微屈肘。

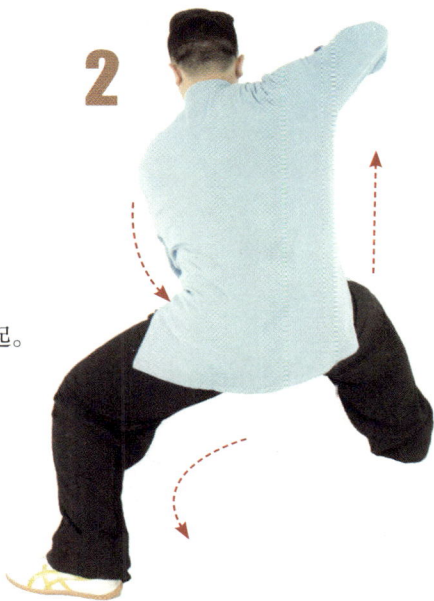

2

② 左臂继续向坐下移动,右臂屈肘抬起。

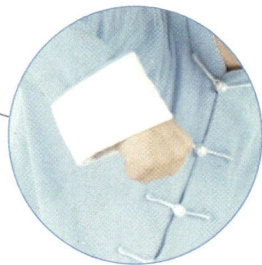

3

如背面局部放大图所示,在做此动作时要注意右手的姿势。

③ 上身左转,右腿用力蹬直呈直线,左腿顺势屈膝,膝盖处呈直角;两手呈握拳状,左拳与左侧膝盖同高;右拳位于胸前。

4

如背面局部放大图所示，在做此动作时要注意右手的位置。

④ 身体重心降低，左拳上提略高于左肩，右拳上提于头右侧，拳心向下，然后打出，右拳向下击出；目视右拳。

换个角度看一看

34.踢二起

此势为连环双踢法，也就是先左踢、后右踢的连环踢的技法。

1

2

① 两腿屈膝分开，相距一米，重心顺着降低；手臂横于胸前，右手握拳，左臂高与胯部齐。

② 左腿用力蹬呈直线，右腿顺势屈膝，重心随之移动到右腿上；右臂抬高，直至下颌，拳心向下，左拳拳心向内。

③ 重心全部移向左腿，右脚蹬地并离地，左腿屈膝且支撑重心，上身也随着向左移；但左右手臂依旧不变。

④ 右脚尖点地，右腿呈一条直线，左腿微屈，脚尖向外；右臂从下颌到胯部，拳心向外，左臂上提，左拳高于头顶，拳心向内。

3

4

换个角度看一看

⑤ 右脚踏实，向前迈一步，重心转到右腿上，左脚尖点地；右臂向后甩且拳变掌，左臂向前落，同样变掌，掌心向下。

⑥ 左腿向前提，左腿大腿与地平，与小腿形成直角，右腿支撑；右臂从后向前，右手与左小腿成一条线，左臂收回。

5

6

7

8

⑦ 左腿下蹬，带动身体上跳，右腿向上踢出。同时，右手画弧向下至右脚旁，左手从身侧画弧向上至头部，指尖朝外，目视右手。

⑧ 落地后右腿下收呈直角，两臂不动，右手立掌。

换个角度看一看

35.护心拳

护心拳式又称兽头势。太极推手上护心拳还可以使用擒拿法，以身法合住对方，使对方屈膝塌跪；也可以使用肘法，故太极拳变幻莫测，要活学活练才可。

1

① 两臂在身体两侧，两手呈掌且掌心向下；两腿微曲，脚尖外旋；目视前方。

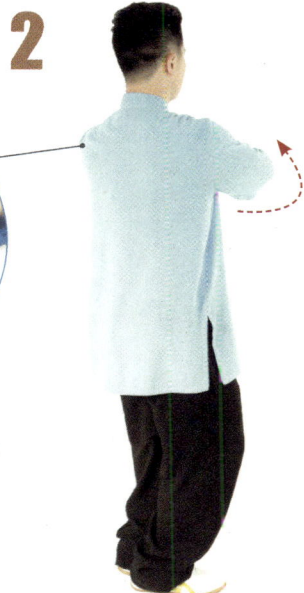

2

如背面局部放大图所示，在做护心拳第2步时要注意左右手的姿势。

② 两臂上提，两手横于胸前；两腿不变；目视前方。

3

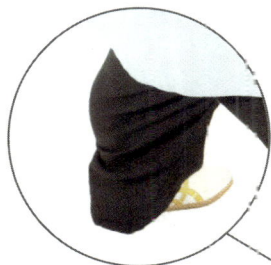

在做护心拳第3步时要注意左腿伸直。

③ 两臂向前推出，两手呈掌，掌心向外；左腿外迈一步形成直线，右腿屈膝支撑；目视前方。

4

5

④ 上身向右转，两掌于身体前方下落，与小腹齐；左腿微屈，右腿大腿与小腿呈直角；视线追随左手。

⑤ 左臂于右侧向左移，两手呈掌且掌心向上，身体微微左倾；目视前方。

⑥ 右腿收回，右脚尖点地，两腿微屈；两臂由腹部提至胸高，两手掌心向上；目视前方。

⑦ 右腿向右迈一步，右脚踏实，上身向左倾，两掌上托，掌心向上。

6

7

小提示

头顶正，不可以歪脖，不要仰脸，也不可勾头。目光平视，下颌微向里收，这样就比较容易做到虚领顶颈。

8

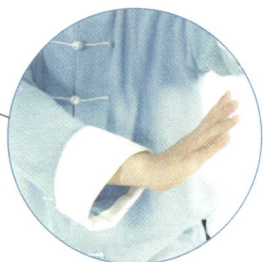

如侧面局部放大图所示，在做此动作时要注意右手的姿势。

⑧ 左腿用力成一条直线，右腿此时弯曲；左臂从前方移至左侧；视线追随右手。

9

⑨ 上身下落，重心降低，右腿屈膝且左腿微屈；右臂从左侧移回，与膝同高，掌心向下，左臂移至前方，掌心向内。

10

11

腰脊带动两臂缠绕，两拳、臂相合向前掤出时，背部要有后撑之意。这就是"气贴背，支撑八面"。落地成马步合臂时应呼气。

⑩ 上身右转，左腿也跟着移动；右掌变拳于肋间，拳心向内，左拳顺势向下出拳。

⑪ 上身左转，面向前方，左腿微屈；两拳格挡于胸前，拳心向内。

12

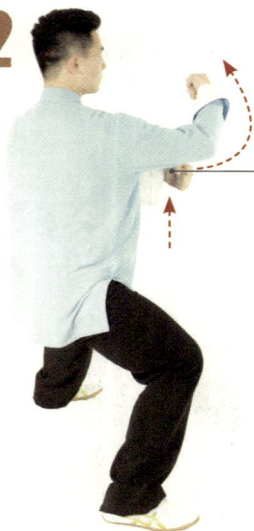

如侧面局部放大图所示，
在做此动作时要注意左右
手不挨着。

⑫ 视线拉回，目视前方；此时两臂微屈且拳
提至胸前。

换个角度看一看

36.旋风脚

旋风脚,也是一种腿法,是横扫法,用时可能用膝,也可能用脚。

1

① 呈右弓步,右臂屈肘,右手放至胸前,左手前伸,目视右手。

2

3

③ 两腿不动,两臂继续向右下方画弧,眼随手动。

② 两腿不动,两臂向右侧画弧,目视左手。

换个角度看一看

4

④重心移至左腿上，左腿屈膝，右腿抬起且右脚尖点地；两手微微上托；目视前方。

5

⑤左腿用力蹬直，右腿抬起，膝盖平于小腹，脚尖向下；两臂上托，右手掌心向上，左手掌心向外。

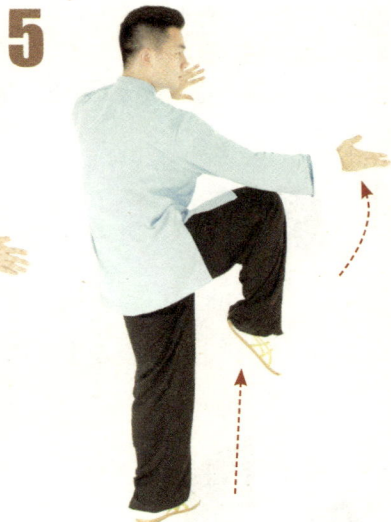

6

⑥身体右转，右腿迅速落下里合，同时两手在胸前交叉，掌心朝上，目视左前方。

⑦重心移至右腿屈膝下蹲；同时两手逆缠外举至头前；目视身体左前方。

7

换个角度看一看

⑧ 两腿用力，身体直立，左脚脚尖点地，右脚外旋；两臂位置不变。

⑨ 身体略微右转，左腿抬起且脚尖向下，两臂位置依然不变；目视前方。

⑩ 身体向右转90度，左腿小腿弹出；两臂打开，右臂与肩高，左臂落于前方，掌心向下，与左腿上下相对；视线追随左手。

⑪ 左腿回收，左脚尖点地且右腿微屈，支撑全身；两手相交并与腹同高，掌心向外。

换个角度看一看

37.右蹬一根

"右蹬一根"与"左蹬一根"一样,是太极拳的基本套路之一,也是腿法的应用。

① 右腿支撑重心且微屈,身体右倾,左腿蹬直;两臂与肩同高且两手呈掌状,掌心向外。

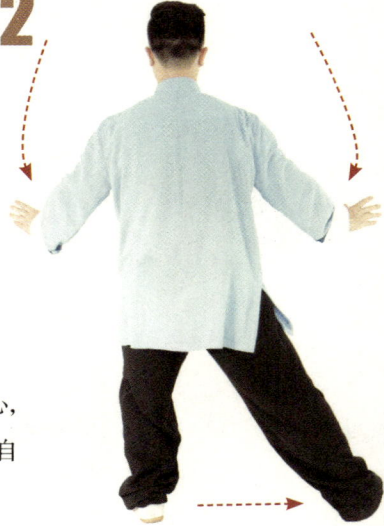

② 上身左移且左腿支撑重心,左腿微屈,右腿蹬直;两臂自然向下。

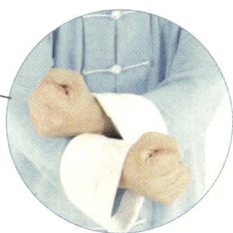

如侧面局部放大图所示,在做此动作时要注意两手交于胸前。

③ 右腿收回于左腿内侧,脚尖点地,两腿略微屈膝;同时,两臂收回,手掌变拳交于腹前,与腹同高,拳心向外。

4

④ 右脚离地，右腿向上抬起，左腿微屈支撑重心；两拳依正交于腹前。

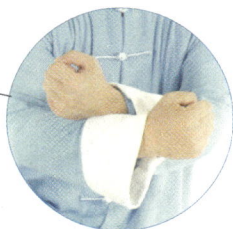

如侧面局部放大图所示，在做此动作时要注意两手握拳，交于胸前。

5

⑤ 右腿抬起后向右方踢出。同时，左拳右拳各向左右打出，稳定重心。

6

小提示

重心后移，左掌心向前逆缠至左上，右掌顺缠至右膝上方，提右膝。

⑥ 右腿收回，保持膝盖与腹部齐平，脚尖向下；左手落于胯部，右臂横于胸前，两拳变为掌；视线追随右掌。

7  **8**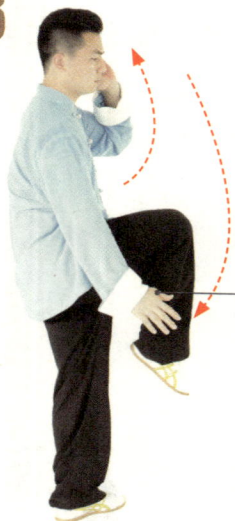

⑦左腿直立；左臂向左挥，右臂向下，两掌掌心向下。

⑧左臂提至左下颚，左手贴于左脸，右臂下落，右手落于右脚踝处。

如侧面局部放大图所示，在做此动作时要注意右手摸右脚踝。

换个角度看一看

1

① 两腿屈膝；两手相交于胸前，两手呈掌式，掌心向外；眼睛直视前方。

2

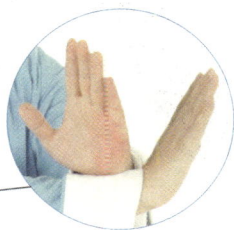

在做这一步的时候注意要两手交叉。

3

② 两臂微微上托，略比肩高，手不变；右腿向右迈一步，左腿呈直线，右腿屈膝支撑重心。

③ 身体微右转，右脚外摆落地，脚跟外侧着地，左腿屈膝松胯；两手相交向下腹前；目视前方。

4

④ 右腿蹬直，重心移至左腿，左腿屈膝，两手掌心向下，分别位于身体两侧。

5

⑤ 两臂向上抬起，至与肩齐平，掌心向外。目视左手。

6

7

⑥ 身体重心右移，两掌翻掌内旋，右掌变拳，左臂屈肘，左掌内翻掌。

⑦ 身体重心稍向左移，左腿屈膝。右拳向后收于体侧。

小提示

掩手肱拳的发劲最重要的是先蓄好劲，形成所谓箭在弦上，不得不发之势，这样的发劲不但快速、力猛、劲长、动短，而且气足、意远。

8

⑧ 重心移至左腿，右腿蹬直；左手紧贴于胯部，右手用力向前出拳，与肩膀同高，拳心向下；目视前方。

换个角度看一看

39.小擒打

　　小擒打是接掩手肱捶而变的，是一种对方接我右拳，欲向右退步，引我右臂使我成背势，我随势进步前，再因敌变化的招法。

①左腿支撑重心且微屈，身体左倾，右腿蹬直；两手呈掌状，左臂与肩高，右臂于胸前，掌心向外。

②左手翻掌向下，掌心向右；右臂向下画弧，掌心向下。

③右腿收回至左腿内侧，两腿微屈；右臂从身侧画弧至身前，指尖朝下。

④右脚向前落地呈虚步，身体重心靠后，右手向前伸直，左手回收至右臂手肘处，目视前方。

⑤ 重心落于右腿，右腿伸直，左腿微屈贴在右腿侧方，左臂架于右臂保持不动，右臂屈肘上抬格挡。

⑥ 身体向右转身，左腿迈出，右腿屈膝呈右弓步。同时两臂随上身移动，目视右手。

⑦ 重心左移呈左弓步，两臂向左画弧，左手至左膝盖前方，右手至右膝盖前方。

⑧ 两腿保持不动，两臂继续向上画弧，左臂与肩同高抬平，右手至胸前高度。

⑨ 腿部不动。两手掌心朝外，右手立掌，左手指尖朝右，目视左手。

⑩ 两腿呈马步，两手画弧移至胸前，目视左手。

换个角度看一看

40.抱头推山

"抱头推山"是以身体运动姿势象形来命名的拳势。"推山"二字主要表现的是一种气势,形容两手的前发之劲可将大山推动,何况对方之躯。动作虽然并不复杂,但技击内容十分丰富,其劲力与着法多变,着重体现双分劲与双合劲在动步中的配合。

1

① 两腿微屈,降低重心,左脚脚尖外旋;两臂横于胸前,两手呈掌交叉,掌心向上;目视前方。

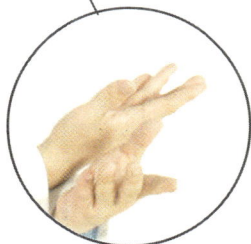

在做此动作时要注意右手叠于左手上。

2

3

② 右腿收回,两腿微屈支撑;上身不变。

③ 右脚向前迈一步,脚尖点地,左腿微屈支撑;两手微微上托,与肩同高。

4

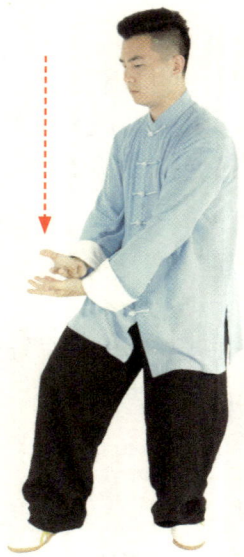

④ 两臂下落至胯部位置，两掌不变；视线向下。

5

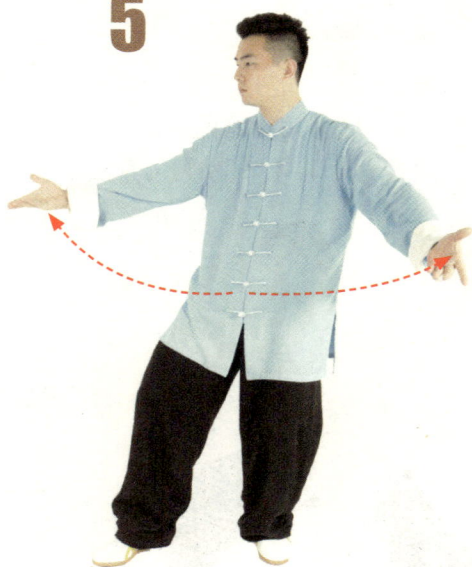

⑤ 两臂向两侧伸展上抬至小腹高位置，两手掌心向上。

6

⑥ 右腿向上抬起，脚尖向下，左腿支撑；两臂屈肘向上举，两手高于肩，掌心向内；目视前方。

7

⑦ 右脚踏实，右腿蹬直，左腿屈膝，降低重心；两手下落至胸前，掌心相对。

⑧ 右腿支撑重心且微屈，身体右倾，左腿微屈，两手呈掌在胸前，掌心相对。

⑨ 上身右移且右腿支撑重心，右腿微屈，左腿蹬直；两臂向前推出，掌心向外。

换个角度看一看

41. 六封四闭

① 上身微右转，重心右移，左腿蹬直，右腿屈膝；左臂与小腹同高，右臂与肩同高，两手呈掌，掌心向下；目视前方。

② 右腿同第1步，左腿微屈；两臂从右向左下画弧；目视右手。

③ 两臂由上下落至胯部，两手掌心向下；目视右手。

④ 上身微左转，两臂上提至与肩同高；目视左前方。

⑤ 上身微右转，同时两臂屈肘，前臂内旋，掌心向上，接着重心移至右腿。

⑥ 左腿屈膝收至右脚内侧，脚尖点地，两脚相距约 20 厘米呈虚步；上身右转，目视两手之间。

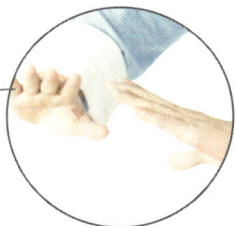

在做这个动作时要两手向前准出，虎口相对。

⑦ 随转体两手向右、向下按至右胯旁，虎口斜相对，掌心斜向下。

换个角度看一看

42. 单鞭

1

在做此动作时右手要呈钩指。

① 两腿微屈，左脚脚尖点地，重心向后倾；两臂落于前方，与腹同高，两手呈掌；视线追随左手。

2

② 右臂微屈，右手手指内扣落于左手上呈钩手；视线追随右手。

3

③ 身体前倾，顺势用右钩手打出，左臂贴近身体，左掌与腹同高；目视右手。

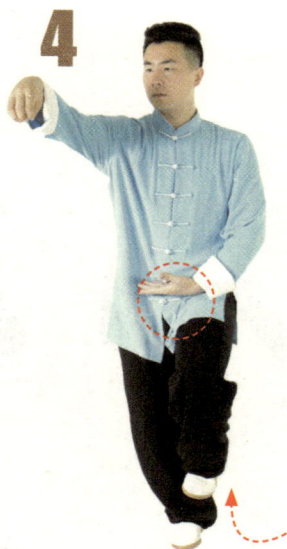

4

④ 左腿抬起，脚尖向下，此时重心全在右腿上；右臂伸直。

5

6

⑤ 上身微向左转, 左脚向左侧跨步, 身体重心移向右腿, 左腿蹬直, 右腿屈膝; 头部向左转, 目视前方。

⑥ 身体向左倾, 重心移向左腿, 右脚跟后蹬, 成左弓步; 视线不变。

7

8

⑦ 左手随上身继续右转向上画弧至右手腕处, 手臂微屈; 目视左手。

⑧ 两腿屈膝; 左手移至胸前, 掌心向下; 视线追随左手。

小提示

上身保持正直, 松腰。完成式时, 右肘稍下垂, 左肘与左膝上下相对, 两肩下沉。左手向外翻掌前推时, 要随转体边翻边推出, 不要翻掌太快或最后突然翻掌。

9

10

⑨ 两腿屈膝；左手由胸前推出，掌心
向外；视线随左手。

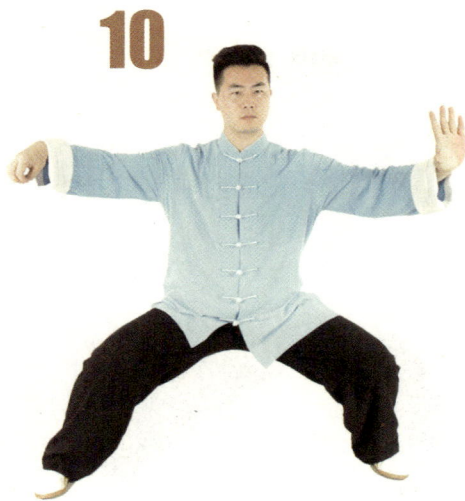

⑩ 两臂伸直与肩同高，左手立掌；两腿屈膝；
头部右转，直视前方。

换个角度看一看

四、第四段

43.前招

前招含捌劲在里面，实战时可以上掤下打，上挡住来拳，下打对方的前胸、咽喉、腹部和面部。

1

2

① 两腿屈膝，身体微左倾；左臂与肩同高，两手呈掌，掌心向外，右臂落于膝盖上方，掌心向下；视线追随右手。

② 右腿用力蹬，左腿屈膝，呈左弓步，身体左转；右手向前打出，左手随着右手，掌心向外；视线随左手。

3

小提示

随着重心移至右腿并屈膝，左脚向左前方进半步，左脚尖点地，呈左虚步。

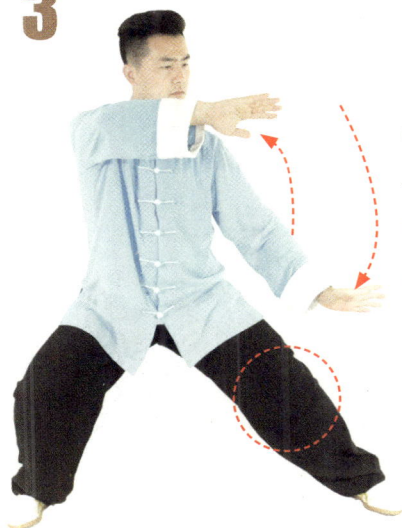

③ 重心后移，右腿屈膝支撑重心；左臂下落，直至腿侧，掌心向下，右臂屈肘横于胸前，掌心向下；目视前方。

4

④ 左脚脚尖点地，身体后倾，右腿微屈；左手于前方，掌心向外，右臂抬高直至头顶，右手掌心向外。

在做此动作时应要注意左脚脚尖点地。

换个角度看一看

44. 后招

后招和前招类似，同样含捌劲在里面，实战时可以上掤下打，上挡住来拳，下打对方的前胸、咽喉、腹部和面部。

① 左腿向左侧迈一步，脚跟落地，右臂比肩高；两手呈掌，掌心向外。

② 右脚向右前上步，脚尖点地，右脚屈膝呈右虚步，身体左转；左手外旋画弧经胸前时内旋向上、掌心向外，右手距右膝上约10厘米处，掌心向后；目视右手。

③ 重心后倾，右脚抬起，脚尖点地，左腿屈膝支撑；左臂上提，比头高，右臂落于胯前，双手掌心向左。

换个角度看一看

45. 野马分鬃

野马分鬃的动作应上身中正，沉肩垂肘，松腰沉胯，不能抬肘、抬肩、凸臀。此动作重在用腰带动手臂，突出腰手相合。

1

① 右手向下画弧至腹前，掌心向上，左臂与肩同高，手掌心向外；两腿微屈。

2

② 重心右移，上身右转，右臂内旋，右手翻转向外，左臂外旋，掌心转向内，随之画弧，两臂撑圆；目视右手。

3

4

③ 身体微右转，两臂抬高，右臂高于头，左臂与腹同高，掌心向外；目视右手。

④ 重心左移，上身左转；右臂与腹同高，左臂高于肩，两掌成横掌，掌心向左前方，指尖向外。

5

6

⑤右腿抬起，脚尖点地，左腿微屈，两臂自右向左移动，双掌为横掌，右手掌心向上；眼睛看着右手。

⑥右脚踏实，身体下落降低重心；左臂向下按掌，掌心向下，直至胯部，右臂曲肘，掌心向内；眼睛依旧看右手。

7

8

⑦重心右移，腰向右回转：右手自下向右上画弧，右手在上，左手在下，两手位于身体两侧，指尖皆向前；目视右手。

⑧身体微右转，左腿用力，脚尖点地，成右弓步；左臂前移，手掌心向下。

9

10

⑨ 身体微右转，左脚收回，脚尖点地，两腿屈膝；左手向前推出，掌心向上，右手贴于腰部。

⑩ 左腿向左迈一步，左脚踏实；左臂屈肘，手掌上抬。

11

⑪ 上身左倾，右腿用力，左腿屈膝，呈左弓步；目视左手。

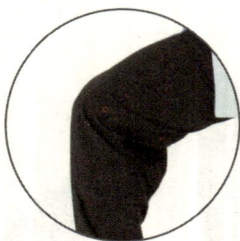

在做此动作时左腿应屈膝。

46. 六封四闭

1

① 身体左倾, 右腿用力, 呈左弓步; 两臂位于胸上方, 两手呈掌, 掌心向外。

② 重心右移, 上身微右转, 右臂内旋, 右手翻转向外, 左臂外旋, 掌心转向内, 随之画弧, 两臂撑圆; 目视右手。

2

在做此动作时左腿应屈膝。

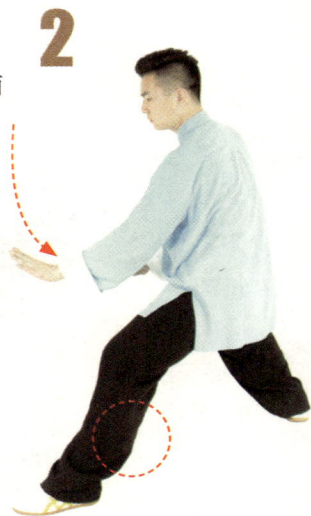

③ 随即重心右移, 身体微右转。两臂继续画弧, 左掌推至右胸前。右手翻掌掌心向上, 与肩同高。

④ 身体微左转, 重心向左移, 右手随身形外旋向左下弧行下捋, 左手横于胸前。

3

4

5

6

⑤ 上身左转, 右脚收于左腿内侧, 脚尖点地。两手捧合于胸前, 目视右手。

⑥ 右脚向前踏实, 两腿屈膝, 身体降低重心, 两手腕互搭, 右手在前, 左手在后, 并且手随着身体转动。

7

8

⑦ 上身前倾, 左腿用力, 右腿屈膝, 呈右弓步; 目视右手。

⑧ 身体微左转, 右臂屈肘, 掌心向下, 左臂屈肘于胸前; 目视右手。

9

10

⑨ 两腿屈膝下蹲；两手下沉，两臂下落至腹部，两手掌心向下。

⑩ 上身左转，重心左移；两手随身法变化，由右向左画弧。

⑪ 右腿用力，左腿屈膝，呈左弓步；两臂提至肩高，左前右后，左掌心向下，右掌心向上。

11

⑫ 重心右移至右腿上，左腿蹬直。两手翻掌向右。

12

正误对比

 ❌

 ✅

下蹲时，两手虎口相对，掌心向下打出，而不是两臂分开。

13

⑬ 右脚收回，两脚间相距 20 厘米。上身右转，胸朝右斜前；两手置于胸前。目视前方。

14

⑭ 两手虎口相对，掌心斜向下，下按至腹部位置。

换个角度看一看

1

① 两腿下蹲，重心向下；然后左臂向下落至胯部高度，双手手掌朝斜下；目视右手。

2

② 身体左转，两臂向左移，保持两手手心朝下；重心移至左腿，左腿屈膝，右腿自然伸直，眼随着双手移动。

3

③ 左臂抬至与肩同高，手心朝外，大拇指朝下；右手抬至与肩同高，右肘弯曲，手心朝上。

4

④ 身体右转，重心移至右腿，左腿自然伸直，右腿屈膝；两手向右移，右肘抬至与肩同高，手心朝外。

5

⑤ 身体继续右转，左腿微屈，重心向下；两手继续向右移，两手手心朝外，两臂肘部微屈；目视左手。

6

⑥ 两腿下蹲，重心向下；然后左臂向下落至胯部高度，两手手掌朝斜下；目视右手。

7

⑦ 两臂保持动作，身体左转，两腿并拢屈膝；保持手心朝下；目视前方。

8

⑧ 双臂微向上抬；然后右腿提膝，抬至与胯同高，脚尖朝下。

9

⑨ 两向左移至胸前且与肩同高，手心朝外；同时，右脚踢出，脚尖朝上。

换个角度看一看

10

⑩ 两臂向左移,身体也向左移,眼随着双手移动。

11

⑪ 然后右腿落下,膝盖落至与胯同高,脚尖朝下;左手回收至胸前,右手往右移至与肩同高,右肘微屈。

12

⑫ 接上式,身体左转,右脚落下,与左脚并拢且双腿屈膝;然后双手握拳,右臂向斜下伸出,拳心向上,左拳放在右臂肘窝,拳心向上。

13

14

⑬ 然后重心向下,左腿伸出,下蹲;右拳抬至头以上,拳心向下,肘部弯曲,左拳落至裆部,拳心向上,肘部弯曲;目视左方。

⑭ 身体坐在地上,右脚向外撇,膝盖朝前;右拳向上抬,拳心向前,左臂伸直,左拳放在左脚脚尖上,拳心向上;目视脚尖方向。

换个角度看一看

48. 玉女穿梭

此式动作柔缓，左右运转，纤巧灵活，犹如织女在织锦运梭一般，故取此名。

1

① 两腿屈膝呈马步，重心向下；两手放至胯部高度，掌心朝前；目观地面。

2

② 重心左移，右脚收回，脚尖点地；左手手掌朝斜下，右手手掌朝上，交叉于腹部。

3

4

③ 右腿收回；右臂肘部抬至与肩同高，掌心朝下，左臂肘部朝下，掌心朝向右臂肘窝。

④ 重心左移，身体右转；两手随之右转掤于胸前，立掌，右手在前，左手在后；同时，右脚以脚尖为轴右膝外摆，左脚尖内扣随身右转；目视前方。

5

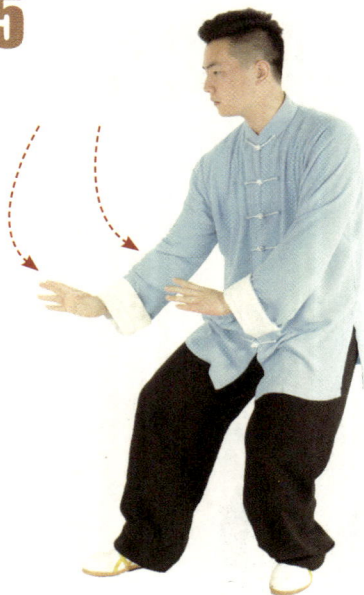

⑤屈膝松胯，身体下沉；两手双逆缠下合；目视前方。随身体下沉，两手下按，切勿弯腰。做此动作时下沉呼气。

6

⑥两手顺缠，迅速向上领起；右脚随之上纵离地；目视前方。以手领功，周身一致，上纵轻灵。做此动作时吸气。

7

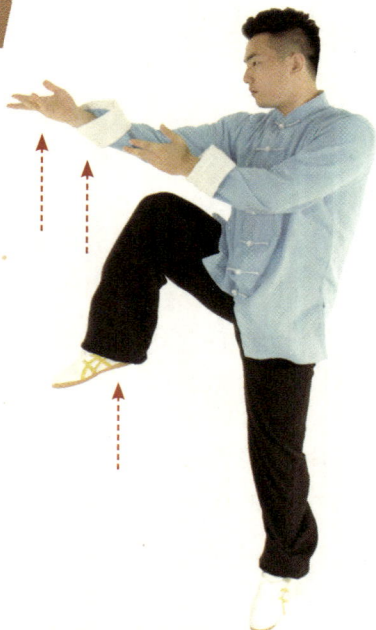

⑦两手顺缠，迅速向上领起；左脚随之上纵离地；目视前方。

8

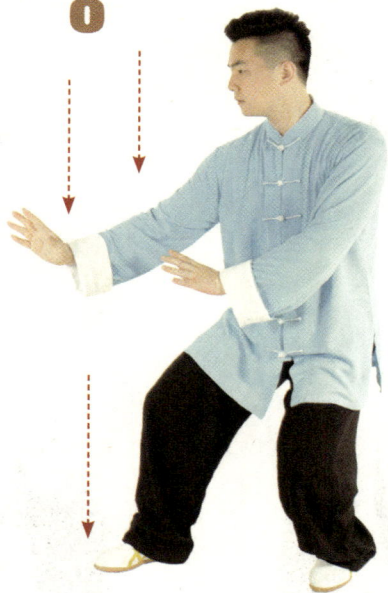

⑧两脚落地；两手逆缠随之下按。要沉重有力，完整一气，立身中正。

9
10

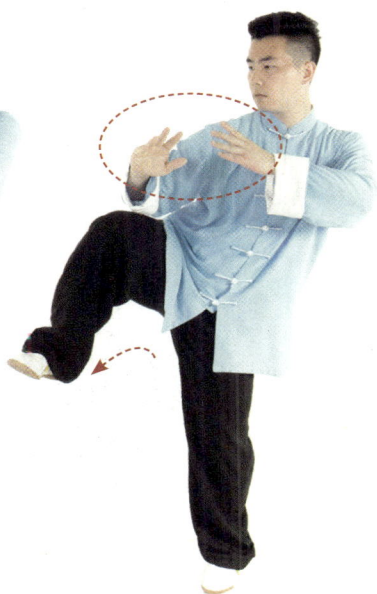

⑨两手逆缠上掤；然后右脚随之屈膝提起；目视前方。手掤提腿，立身稳重，周身合一，内劲团聚不散，做此动作时吸气。

⑩重心在左腿，身体迅速左转，右脚抬起。

⑪右腿里合外蹬；右手逆缠前推，左手逆缠，向左后发肘劲；目视右前方。将周身团聚之劲迅速贯于右腿、左手和左肘，左腿独立稳重。做此动作时呼气。

11

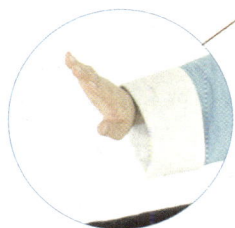

在做此动作时右手应朝前。

12

13

⑫右腿跨步落地，重心移至右腿，身体微右转；左手略下沉；目视前方。此势为窜跳的过渡动作，右脚落地即起，用右脚前掌弹地蹬起前跃。做此动作时先吸气后呼气。

⑬左腿向前走，膝盖弯曲，脚尖朝下。

换个角度看一看

14

⑭ 右脚蹬地弹起前纵，身体在空中向右旋转180度，左手逆缠向左猛推，右手向右开；左脚先落地，右脚从左脚后插过，脚尖着地；目视左侧。

⑮ 此式为下式过渡动作，练习时可以不停，应落地轻稳，身法中正。

15

16

17

⑯ 身体右转180度，重心移至右上，左腿随转身里合；右手在耳朵往上位置，左手在胯部位置；目视左手。

⑰ 转身时身法下沉，两只手掤劲不丢。做此动作时吸气。

18

⑱ 同时，两手随转体左顺右逆，由左向右后转履；目视左前方；左腿屈膝，脚尖朝前，右腿膝盖微屈，脚尖朝右。

在做此动作时左手应掌心朝前。

换个角度看一看

49.懒扎衣

① 身体重心在左脚,右脚抬起收于左腿内侧。左手搭于右臂手肘处。

② 两手在胸前画弧转圆,两手交叉于胸前;继续提右腿向右开一大步,脚跟内侧着地。

③ 脚尖上翘里合,随身体继续向右转。

4

④ 重心由左腿移至右腿；左手向下降至腹部，掌心向下，右手抬至与肩同高，掌心朝外。

⑤ 按图中箭头所指方向，把右手拉开，左手叉腰；目视右手。

5

6

⑥ 最后屈膝松胯，周身轻松。这个步式叫右弓步，要求：松肩沉肘，立身中正，开裆要圆，虚部脚尖要内扣，膝盖要微屈呈弧形。

换个角度看一看

50.六封四闭

1

① 上身微右转，重心随之移至右腿上。同时，右臂屈肘，掌心向下，左臂屈肘于胸前；目视右手。

② 身体下沉，重心略微移至左腿上；同时，两掌右逆左顺缠，下捋至两髋部前，左掌心朝下，右掌心朝前，有引进落空之意；目视右前方。

2

3

③ 身体微左转，重心微左移；同时，右手外旋向下；然后左腿屈膝，右腿自然伸直；目视右手。

小提示

启动腹肌，配合两脚之间的蹬地，引动两手腕旋腕。这个动作就像自行车的链条运动一样，一节一节地传递，转体旋腕时吸气。可用手接住对方来手，缠绕住对方手腕，擒拿住对方。

4 **5**

④接着上身微左转，重心微左移；两臂继续由下向上画弧。

⑤左腿蹬直，身体重心移至右腿，身体右转，左臂屈肘内旋向下。

正误对比

不要使用右脚，需要
左脚向左平移。

✔

✘

6

⑥上身右转，重心移至右腿，左
脚随转体收回置于右腿内侧，脚
尖点地；左手掌心向右，右手掌
心向下，两手与下巴齐平。

⑦ 上身右转，随转体两手向右、向下按至右胯旁，虎口斜相对，掌心斜向下；目视两手之间。

7

在做此动作时右腿应屈膝。

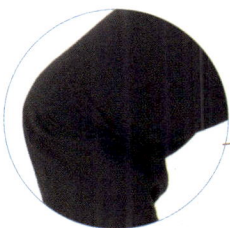

1

2

① 两手置于腹前，目视两手之间，两腿呈虚步；然后右手往回收，掌心朝左，左臂伸直，肘部微屈，掌心朝上；目视左手。

② 然后左臂回收至腹前，左手手掌朝上，右手移至左掌上方变为钩手，右肘微抬。

③ 右臂抬起至与肩同高，右手保持钩手，左手收至腹前，掌心朝上；右腿自然伸直，左腿依然脚尖点地。

④ 左腿提膝，身体微向右转。

3

4

换个角度看一看

5

6

⑤ 左脚向左侧迈步，重心在右腿上。头转向左侧，目视左边。

⑥ 重心移至左腿，左腿屈膝前弓，右腿自然蹬直，呈斜向左前方的弓步。

7

在做此动作时左腿应微屈。

⑦ 身体微向右转，左手抬至右手腕处，指尖指向手腕，掌心朝上，肘部微屈；重心移至右腿上，右腿呈弓步，左腿微屈；目视右手。

换个角度看一看

→   →

⑧ 左手随上身左转而经面前向左画弧,掌心朝外；目视左手。

⑨ 左手继续向左移动,眼随手动。

小提示

在做这个动作时要注意身体往下坐。

8

9

10

⑩ 左臂向左侧展开,掌心向前,手指与眼齐平,臂微屈；眼看前方；上身保持正直,重心微微向下。

换个角度看一看

52.云手

1

① 两腿弯曲；左手在与耳朵同高的位置，五指张开，掌心向外；右手在右腿的大腿位置，五指并拢，掌心斜向下。

2

② 身体重心移至左腿，身体渐向左转，右腿自然蹬直，左腿弯曲；左右手五指并拢，掌手心斜向外。

正误对比

不要使用右脚，需要左脚向左平移。

✔

✘

3

③ 重心落于右腿上，左手向下按掌，右手翻掌向上，与下巴齐平；目视前方。

④ 两臂向右移，两手掌心朝外；目视右手；右腿屈膝，左腿自然伸直，呈弓步；上身挺直。

⑤ 身体重心移至左腿，左腿屈膝，右腿微屈；然后左手向上抬至与肩同高，大拇指朝下，掌心朝外，右手向下至与胯同高，掌心朝下。

⑥ 右脚收回至左腿小腿后，脚尖着地，膝盖微屈，左腿膝盖微屈，重心移至左腿。

⑦ 两臂向左移至图中位置。右臂向上抬，掌心朝上；左手掌心朝外；右腿后蹬，脚掌着地；目视左手。

⑧ 左脚收至右腿旁，左琨膝盖微屈；左臂向下降至与胯同高，掌心向下；右臂抬至与肩同高，掌心朝下；目视右手。

⑨ 重心移到右腿，右腿弯曲，左腿自然伸直；左手翻掌向上，掌心斜向外；右手五指张开翻掌向下，掌心向外。

⑩ 身体重心移至左腿，左腿屈膝，右腿微屈；然后左手向上抬至与肩同高，大拇指朝下，掌心朝外；右手向下降至与胯同高，掌心朝下。

⑪ 右脚收回至左腿小腿后侧，脚尖着地，膝盖微屈，左腿膝盖微屈，重心移至左腿。

12

13

⑫ 两臂向左移至图中位置,右臂向上抬,掌心朝上,左手掌心朝外;右腿后蹬,脚掌着地;目视左手。

⑬ 上身慢慢右转,身体重心随之慢慢右移;右手经脸前向左侧画弧运转,掌心渐渐翻转向内,左手停于身体左侧。

14

⑭ 右臂向右移,掌心由朝内变为朝外,大拇指朝下。左手由最下经腹前向右上画弧。左腿蹬出,自然伸直,右腿屈膝;目视右手。

小提示

在做云手第14步时,记住掌心都是朝外的。

53. 摆脚跌岔

1

① 两腿下蹲，重心向下；然后左臂向下落至胯部高度，两手掌心朝斜下；目视右手。

2

② 身体左转，两臂向左移，保持两臂掌心朝下；重心移至左腿，左腿屈膝，右腿自然伸直，眼随两手移动。

3

正误对比

在做这个动作时要注意右手向上抬至左手高度。

③ 左臂抬至与肩同高，掌心朝外，大拇指朝下；右手抬至与肩同高，右肘弯曲，掌心朝上。

4

④ 身体右转，重心移至右腿，左腿自然伸直，右腿屈膝；两手向右移，右肘抬至与肩同高，掌心朝外。

5

⑤ 身体继续右转，左腿微屈，重心向下；两手继续向右移，两手掌心朝外，两臂肘部微屈；目视左手。

6

⑥ 两腿屈膝下蹲，重心向下；然后左臂向下落至胯部高度，两手掌心朝斜下；目视右手。

7

⑦ 身体左转，两腿并拢屈膝；保持掌心朝下；目视前方。

8

9

⑧ 两臂微向上抬；然后右
腿提膝，抬至与胯同高，脚
尖朝下。

⑨ 两臂向左移至胸前且与
肩同高，掌心朝外；右脚踢
出，脚尖朝上。

在做此动作时右手掌
心应朝左。

10

⑩ 右腿抬高；两臂微向
左移；目视左手。

⑪ 两臂向左移，身体也向
左移，眼随着两手移动。

11

小提示

左手向外翻掌前推时，要随
转体边翻边推出，不要翻掌
太快或最后突然翻掌。

12

13

⑫ 右腿向上稍微抬，然后右手放在右脚上；目视左手。

⑬ 右腿落下，膝盖落至与胯同高，脚尖朝下；左手回收至胸前，右手往右移与肩同高，右肘微屈。

14

15

16

⑭ 身体左转，右脚落下，与左脚并拢且两腿屈膝；然后两手握拳，右臂向斜下方伸出，拳心向上，左手放在右臂肘窝，拳心向上。

⑮ 然后重心向下，左腿伸出，下蹲；右拳抬至头以上，拳心向下，肘部弯曲，左拳落至裆部，拳心向上，肘部弯曲；目视左方。

⑯ 身体坐在地上，右脚向外撇，膝盖朝前；右拳向上抬，拳心向前，左臂伸直，左拳放在脚尖上，拳心向上；目视脚尖方向。

54.金鸡独立

　　金鸡独立是太极拳又一个以动物姿态命名的拳式。雄健的金鸡引颈昂首，蹬足振翅，羽毛斑斓，气宇轩昂地独立于奇石之巅，凭这描述就会使人联想到一幅美丽的画面。

① 接二式，两脚站起，呈深蹲弓步；目视前方。

② 继续起身，左腿弯曲，右腿跨至与左脚一步距离；右臂收回至腹部，拳心向上。

③ 两手由拳变为掌，左手掌心朝下，右手掌心朝自己。

④ 身体重心移至左脚。右脚抬起，脚尖向上，膝与腹部同高。同时，右臂伸直向上，掌心向外。

⑤ 左腿略微弯曲，右臂屈肘向下，掌心向斜下方。同时，右脚脚尖向前。

⑥ 随即，右脚落地，两腿屈膝。上身直起，两手掌心向下，分落于胯部两侧。

在做此动作时脚尖应朝前。

⑦ 两手由左向右画弧，左手掌心下，右手掌心向左。眼随手动。

⑧ 两手继续向右上方画弧，右手翻掌，掌心向上。

9

⑨ 重心移至左脚，左腿屈膝，右脚尖提起；两手向左侧继续画弧。

⑩ 重心往右腿移，右脚着地，身体左转；两手放至胸前。

在做此动作时脚尖应抬起。

10

11

12

13

⑪ 身体右转，两手降至胯部高度，掌心朝下；左腿微屈，右腿屈膝。

⑫ 左腿收回并向前迈一步，脚尖点地；左手掌心朝上并与肩同高，肘部微屈，右手掌心朝向斜下。

⑬ 右腿直立，左腿屈膝提起，脚尖自然向前；同时左手外旋，向上经面前内旋向上穿出，掌心向上，右手至右胯旁，掌心向下，指尖朝前；目视前方；这时应呼气。

55.倒卷肱

1

2

① 接上式，左脚脚尖点地；两臂向两侧伸展，与肩齐平；目视左手。

② 左脚向后跨步，右腿屈膝。同时，右臂屈肘，掌心向左。

3

4

③ 左脚慢慢踏实，身体重心移到左腿；左臂屈回向后收掌，掌心向上，右手掌心向前。

④ 上身左转，左手翻掌（掌心向上）经腹前由下向后上方画弧平举，臂微屈；目视前方。

5

6

⑤右腿轻轻提起向后(偏右)退一步，脚尖点地。左臂屈肘，左手位于耳侧。

⑥右腿后撤，右脚前脚掌着地；头向前转，眼看右手。左臂向前推掌于胸前，右臂略微屈肘。

在做此动作时右手掌心应朝下。

7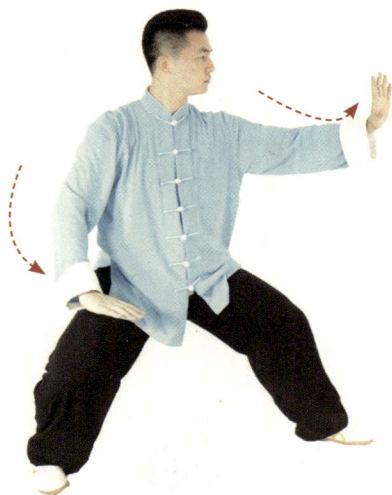

8

⑦右臂向下画弧，掌心向下置于右腿上方，左手由耳侧向前推出，掌心向前；然后右脚慢慢踏实，身体重心移到右腿上。

⑧身体右转，左腿蹬直；右手翻掌向上平举，与肩齐平。

9

10

⑨ 左腿轻轻提起向后(偏左)退一步，脚尖着地；右臂屈肘，右手掌心向下位于耳侧。

⑩ 左脚向后蹬地，右腿屈膝；两手交叉于胸前。

11

12

⑪ 身体向左转，右臂向前推掌，掌心向前，左臂向下画弧；目视右手。

⑫ 右腿蹬直，重心向左移动；两臂向两侧伸展平举，与肩齐高；目视前方。

1

2

① 重心在左，右脚在前且右脚尖点地；右手向下画弧，左臂屈肘于左侧。

② 右脚向后踏实，左手向下，右手向下，掌跟相对于胸前。

在做此动作时应脚尖点地。

3

4

③ 重心移至右脚，左脚稍向前移，然后前脚掌着地，呈左虚步；左掌位于右臂手肘处。

④ 左腿收回，脚尖点地；两手随转体慢慢向右上、左下分开；目视右手。

5

⑤ 右手上提停于右额前，然后掌心向左后方，左手按至左胯前，掌心向下，指尖向前；上身转正，眼平视前方。

换个角度看一看

① 接上式，右手由上向右下方画弧，左手姿势不变。

② 身体略向左转动，右手继续向左侧画弧，手掌心可左。

1

2

3

4

③ 右手掌心朝下，左臂屈臂向上抬起，掌心朝右侧，指尖朝上。

④ 上身保持不动，重心移至右脚上。两腿微弯曲，同时抬起左脚，脚尖点地，贴于右腿内侧。

5

⑤ 脚跟内侧贴地向左铲出，在左手下劈时，出左脚擦地。踏脚擦步时采用呼气。

6

⑥ 两脚分开呈弓步；两手向右移，右手翻掌上抬，至与肩齐平，左手向右画弧至胸前，掌心向下。

7

⑦ 重心往左移到左腿上；左手移动到左腿的小腿位置，右手移动到耳朵的位置，贴近耳朵；眼睛向下看。

8

⑧ 右脚蹬直，左腿弯曲，重心在左脚上；左手与肩同高，握拳，拳心向下，右手移到胸前，掌心向左。

9

⑨ 身体右转，随之右手由右侧向左、向前，经胸前向右画弧平展。

⑩ 左钩手向左平展；同时两腿屈膝，重心稍右移；接着重心左移成左弓步，身体微左转；继而两肩下沉，两臂微屈并稍外旋，坠肘、松腕，左手高与肩平，钩尖向下。

10

11

⑪ 右手塌腕，指尖斜向上，掌心斜向前；目视右手。定势马步时，松肩及沉腕与转腰、合胯、下沉要一致，并要有合劲。

小提示

如果对方用右手向我胸、面部进攻，我身体微左转，用左前臂压住对方右肘外上侧，形成捌法；接着左手变顺缠，向前、向左下方挤出对方。

① 接上式，右手收至胸前。

② 重心在左腿不变，身体下沉；同时，两手顺缠向左膝上方搂膝，两手指尖句前，左手在前，右手在后；目视左膝前方。

③ 身体向右转，重心移至右脚上，左脚尖点地。左臂伸直，翻掌向上。右手翻掌向上，掌心向外。

④ 左手上抬与肩同高，左掌心朝斜上方，右掌心朝斜下方，两掌指尖向右；目视左手。

5

6

⑤ 上势不停。身体略沉，向左旋转，重心不变。

⑥ 同时，重心向右移动。右臂屈肘上抬与肩同高，右掌心朝斜上方，左掌心朝外斜下方，两掌指尖向左；目视右手。

7

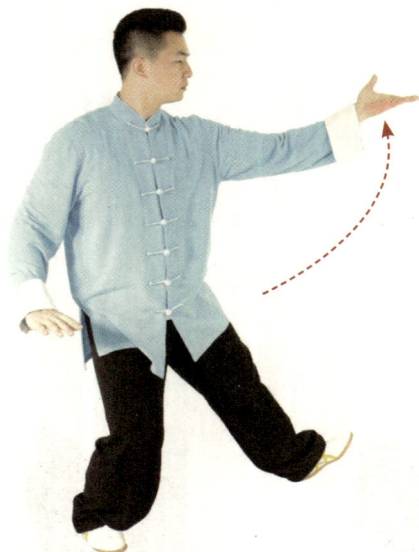

8

⑦ 左腿向前，脚跟蹬地；重心移至右腿上，左臂由下向上画弧，掌心向上，右臂向下按掌，落于胯侧，掌心向下。

⑧ 重心稍向左移，左腿屈膝，重心向下；左手翻掌向下画弧，右手翻掌，掌心向上位于腰侧。

9

10

⑨ 身体右转，重心移至左腿；左手掌心向下位于腹前，右臂向前、向上伸出；目视右手。

⑩ 右腿蹬直，左手收于本侧，右臂继续向上伸出，指尖与鼻子齐平。

11

12

⑪ 右腿略微屈膝，重心可右；右臂翻掌，掌心向外。

⑫ 目视前方，左脚脚尖向右侧旋转。

13

⑬右腿向上提起，达到膝盖与腹部齐平位置，脚尖向下。右臂向右侧推掌，指尖向上。左臂翻掌向上抬起，掌心向外。

14

⑭同时，身体迅速向右转约180度；右脚收于左腿内侧。

15

⑮随即，两手交叉于胸前，右手在前，左手在后。

小提示

转体时，左脚尖内扣，屈膝松胯，腰劲下塌，右膝随转体自然提起，脚尖自然下垂。震脚时，上下一气呵成。

59.掩手肱拳

① 接上式，两腿屈膝并紧，两手交于胸前。

② 随即，重心右移，左脚向左侧擦出。

③ 身体重心移至左脚，两腿屈膝下蹲，两手置于腹前。

④ 身体重心左移，呈左弓步，两掌向体侧撑开。

⑤ 左腿蹬直，身体重心右移，两手翻掌内旋，右手变拳，拳心向上，左臂屈肘，左手内翻掌。

⑥ 身体略向右侧偏转，左手翻掌回收，左腿屈膝蹬地。

⑦ 重心降低，右臂向后收回。

⑧ 身体向左转动，重心移至左脚上，右拳向前出拳。

9

⑨ 重心移至左脚，右腿蹬直；左手紧贴胯部，右臂握拳伸直，与肩同高，拳心向下；目视前方。

在做此动作时左手要贴在腹部。

换个角度看一看

60.六封四闭

1

2

① 上身微右转，重心随之移至右腿上；同时，右手以腕为轴向内、向外旋转绕一圈，左手轻贴左腹向左、向上内旋后屈腕上提，再外旋向右、向下、向左绕一小圈；目视右手。

② 身体下沉，重心略微移至左腿上；同时双掌右逆左顺缠，下捋至两髋部前，左掌心朝下，右掌心朝前，有引进落空之意；目视右前方。

③ 身体略向右转而后左转，重心移至左腿上；两掌从左向右画弧，两掌心朝前斜下方，眼随手动。

④ 上身微左转，重心微左移；右腿收于左腿内侧，右手继续外旋向下、向左、屈肘向上画弧。

3

4

5

⑤ 重心不变，右腿蹬直，身体左转；两掌相合，左手掌心向外侧，右手掌心向上，画弧路线向左向上至与肩齐平，眼随手动。

6

⑥ 左腿蹬直，身体重心移至右腿上，身体右转，左臂屈肘内旋向下。

7

⑦ 上身右转，重心移至右腿上，左脚随转体收回置于右腿内侧，脚尖点地；左手掌心向右，右手掌心向下，两手与下巴齐平。

8

⑧ 上身右转，随转体两手向右、向下按至右胯旁，虎口斜相对，掌心斜向下；目视两手之间。

61. 单鞭

1

在做此动作时右手掌应为钩指。

① 两腿微屈，左脚脚尖点地，重心向后倾，两臂落于身体前方，与腹同高，两手呈掌；视线追随左手。

2

② 右臂微屈，右手手指内扣落于左掌上；视线追随右手。

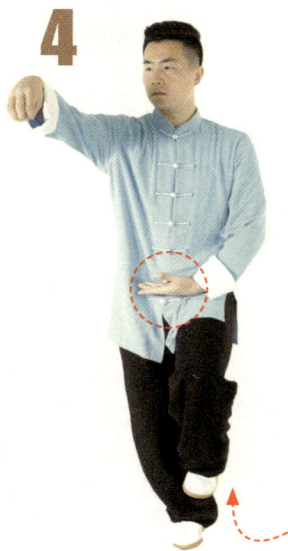

3

③ 身体前倾，顺势用右手背打出，左臂贴近身体，左手与腹同高；目视右手。

4

④ 左腿抬起，脚尖向下，此时重心全在右腿上；右臂伸直。

5

6

⑤ 上身微向左转，左脚向左前侧方迈出，身体重心移至右腿上，左腿蹬直，右腿屈膝；头部向左转，目视前方。

⑥ 身体向左倾，重心回到左腿上，右脚跟后蹬，呈左弓步；视线不变。

7

8

⑦ 左手随上身的继续右转慢慢翻转向前推出，掌心向前，手指与眼齐平，臂微屈；眼看左手。

⑧ 两腿屈膝，左手移至胸前，掌心向下；视线追随左手。

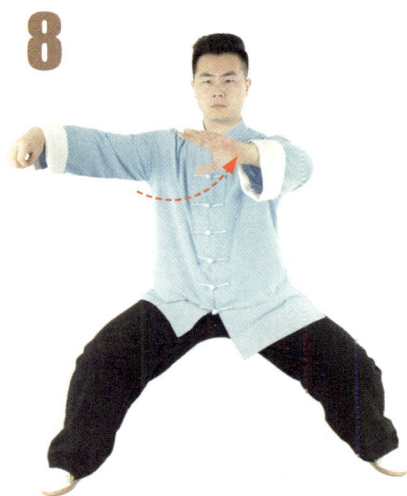

小提示

上身保持正直，松腰。完成式时，右肘稍下垂，左肘与左膝上下相对，两肩下沉。左手向外翻掌前推时，要随转体边翻边推出，不要翻掌太快或最后突然翻掌。

9

10

⑨ 两腿屈膝，左手由胸前推出，掌心向外；视线追随左手。

⑩ 两臂伸直与肩同高，两腿屈膝；头部右转，目视前方。

换个角度看一看

62.云手

1

2

① 重心慢慢移至左腿上，左腿弯曲下坐，右腿微屈，左手与肩同高，掌心向前，右手掌心向下；视线随着右手的移动而移动。

② 重心移至左腿上，左腿弯曲呈左弓步，右腿伸直；右手由下向上画弧，掌心向上，左手仍与肩同高，掌心向外，目光望向左手。

3

4

③ 重心移至右腿上，上身慢慢右转，右臂屈臂与肩同高，掌心向下，左手向下画弧。

④ 右手翻掌向右侧推开，掌心向外，左手继续向下画弧。

⑤ 重心移向右腿，右腿屈膝，左腿伸直，呈右弓步，上身右转；左手翻掌向上，画弧移至胸部下方，右手向右推掌。

⑥ 重心再次向左腿移动，左手向上抬起，右手向下放，两手掌心均向下；目光望向左手。

换个角度看一看

⑦ 收回右腿,两腿微屈,脚尖微向外,身体稍向左转;左手向左推开,掌心向外,右手由下至上推;目光望向左手。

⑧ 腿部姿势保持不变;左手向下移动,掌心向下,右手翻掌向上移动至面前。

⑨ 右脚向右跨步,左腿伸直,呈右弓步;右手向右推,左手由下画弧,最终停于腹部前方。

换个角度看一看

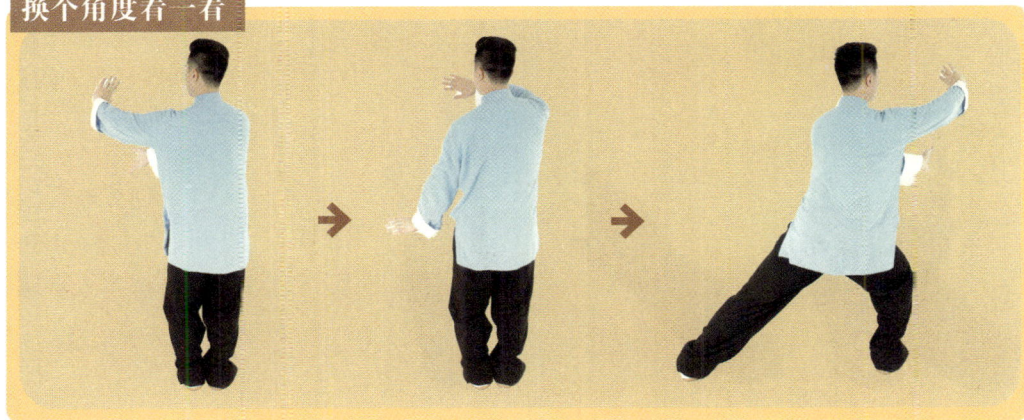

1

2

① 两腿分开呈弓步；右手位于右腿旁，左手处于胸前；视线随着左手的移动而移动。

② 重心偏至左腿，左腿屈膝呈左弓步，右腿伸直；左手由内向外推开，右手仍处于右腿旁；目光随着左手的移动而移动。

3

4

③ 收右腿，右脚脚尖点地，身体微微左转；左手与右手同时向内交叉并拢，左手掌心朝右，右手掌心朝上。

④ 继续向后伸直右腿，呈左弓步；右手翻掌，掌心向下，左臂稍伸直，两手向前送。

5  **6**

⑤ 重心由左腿移至右腿，右腿稍屈膝呈弓步；左臂与肩同高向左侧打开，左手掌心向外，右手继续向上画弧。

⑥ 这一步仍然保持弓步；右手向上画弧，两臂打开，与肩同高，右手掌心向上，左手掌心向左；目光望向右手。

换个角度看一看

⑦ 右腿屈膝，左腿微屈膝，左脚脚尖点地，重心放至右腿上；左手掌心变为向下，右手收回于面前；目光望向右手。

在做此动作时要注意双手的姿势。

⑧ 身体向左转，左脚后撤，脚尖点地。左臂略微屈肘，右臂屈肘掌心向左，位于左臂肘部上方位置。

⑨ 身体继续向左转，两腿竖直站立，与肩同宽；右手推出，右臂微屈并与肩同高，左手向下画弧，最后收回于腹部，掌心向上；眼睛望向右手。

换个角度看一看

64.十字脚

十字脚的练法先以两手交叉横排成十字状，然后单手击拍右脚横摆，故名十字脚；也可称为"十字摆莲"，各式太极拳名同，老谱名为"十字脚"。

1

2

③重心稍向左腿移动，左手向上移动，移至头部下方，掌心向右，右手位于腹部下方，掌心向左，右手指尖向下。

3

① 两脚分开站立，左脚脚尖点地，两脚间距与肩同宽，上身微向右转；右臂抬至肩膀稍上方位置，左臂处于胸部下方，掌心向外。

② 重心由右脚移至左脚，身体稍后坐，脚底踩实于地面；右手向下推，左手由胸部下方向下画弧；视线随着右手的移动而移动。

换个角度看一看

227

4

5

⑥ 左腿向左侧迈开，右腿屈膝呈右弓步；右手位于头部右侧上方，左手向下画弧；头部面向左侧。

注意左手向下画弧时，要同时向上提左腿。

6

④ 以左脚为支点身体向右转，左腿微屈膝，重心在两脚中心点；右臂向右上方画弧，左手置于右肘下方位置，左手指尖位于右肘内侧下方。

⑤ 右脚单脚站立，左腿向上提膝；右手向外画弧，左手保持在右臂上臂内侧。

换个角度看一看

⑦ 重心向左腿移动；左手由第 6
步中的位置向下画弧，掌心向下，
右手由头部右侧向外推开，掌心
朝外；目光望向左脚脚尖。

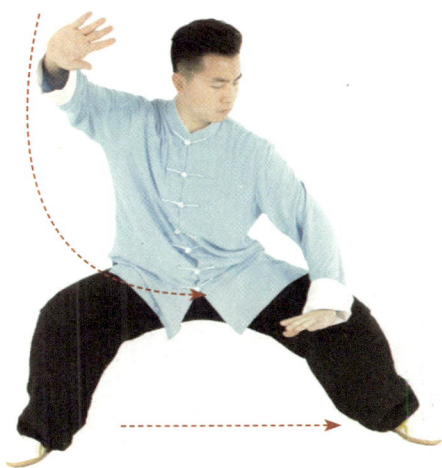

⑧ 两腿呈弓步，重心向左腿移
动；右手由上至下画弧，掌心始
终朝外，左手向上画弧；视线随
着左手的移动而移动。

7

8

手掌移动要稳, 视线随着
左手移动。

9

⑨ 重心继续向左腿移动，左
腿屈膝，呈左弓步；左臂微屈
臂，左手位于面部前方，掌心
向右，右手置于腹部左侧下方
位置，掌心向下。

10

⑩重心返回两腿中心点；左手向胸前收回，掌心向右下方，右臂屈臂，右手上升至腹部左侧，掌心向下。

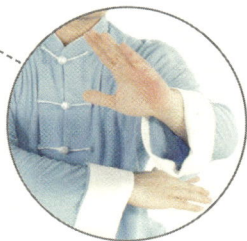

换个角度看一看

⑪收右腿，右腿提膝，左腿单脚站立，重心在左脚上；目视左手；上身保持直立。

⑫右腿抬腿向上踢，脚尖触碰到左手指尖；右臂屈臂收回于胸前；目视左手指尖；身体保持正直，不要倾斜。

⑬右腿踢出后屈膝向下放，膝盖与腰部同高，左腿竖直，左脚单脚站立，重心位于左脚上；左臂放下于身体左侧，右臂仍处于胸前。

⑭以左腿为轴身体向右旋转90度，右腿仍保持提膝与腰部同高；左臂屈臂上举，左肘位置与肩平齐，右手向下放。

换个角度看一看

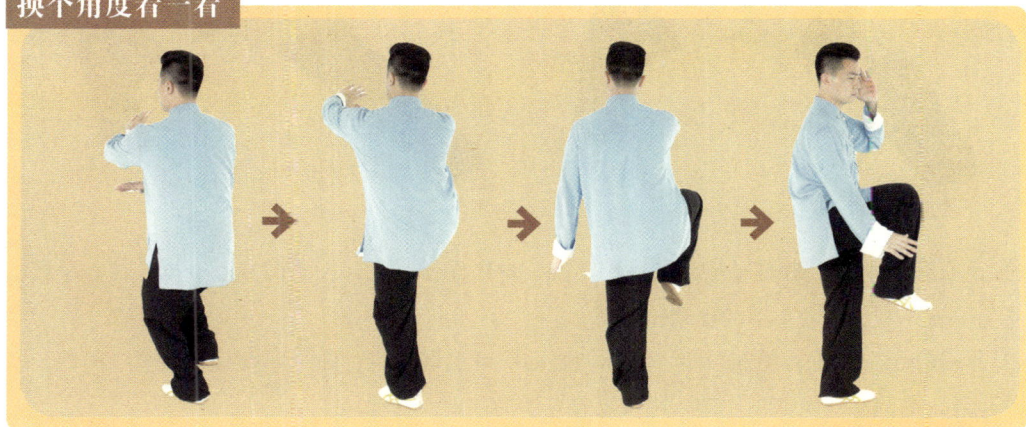

65. 指裆捶

指裆捶是太极拳以捶为名"五捶"中的最后一捶，属下路出击之捶。顾名思义，是以拳直击敌裆部。因指裆捶的动作过程主要是左手的搂分及右手在左手分势后的向前指裆捶击，所以"指裆捶"对应又名"势分捶"。

① 两腿微屈膝，上身保持竖直；左右手位于胸部稍下方位置，相互交叉，掌心向外，左右臂微屈。

② 左腿向左侧迈步，右腿屈膝向下坐，左腿伸直，左脚脚跟点地、脚尖向前，呈右弓步；两手仍交叉置于胸部下方。

③ 重心移向左腿，由右弓步向左弓步转换，身体保持竖直；左手向左下方推开，右手向右下方推开，视线随着左手的移动而移动。

④ 重心移至左腿上，呈左弓步，右腿伸直；两臂上摆伸直，两手向外打开，掌心向外，手掌位置与肩同高；头部微左转，视线随着左手的移动而移动。

5

6

⑤ 身体重心右移，右腿屈膝，左腿伸直，呈右弓步；右手变掌为拳，屈臂贴于右肋骨，左手向内画弧。

⑥ 右腿保持不变，左腿屈膝向下；两臂收回，左手屈臂于左侧，掌心向上，右拳屈臂贴于右胸前，拳心向上。

7

8

⑦ 重心稍向左腿移动，左手向下移动，右手由右胸向下移动；眼睛看向左手。

⑧ 身体重心左移，右拳向下出拳，左手后收，掌心贴于左肋处；眼睛看向右拳。

66.猿猴献果

"猿猴献果"拳式因为肢体动作像猿猴摘果而得名，又名"白猿献果"。

① 两腿屈膝呈马步；左拳叉腰位于腰部左侧，右肘指向右前方，右拳拳心向下。

② 上身微微向下弯曲，右拳向下画弧，右拳与膝盖处于同一水平线上，拳心向上，左拳翻拳，拳眼向外侧，贴于左肋处。

③ 从马步起身，身体微微左转，右腿提起向上，左腿屈膝，重心位于左腿上，呈左独立步；右拳经腰侧向前、向上画弧，右臂屈肘，拳心向后上方。

④ 右腿屈膝向上抬，膝盖抬至腹部位置，脚尖向下；左手抱拳，拳眼向外侧贴于左肋处，右手握拳，拳稍高于肩部；视线随着右手的移动而移动。

换个角度看一看

1

2

① 左腿微屈，右腿伸直，勾起
右脚；两臂打开，左右手掌心
向上；头部转向右手，视线随
着右手的移动而移动。

② 左腿依然保持屈膝，右腿向
内收回，右脚脚尖放下；两臂
收回于身体两侧，左右手掌心
相对；眼睛看向右手。

③ 右腿收回后，两腿距离与肩同宽，左右腿微
微屈膝，左腿后撤，左脚脚尖点地；两手收回
于胸前，掌心相对。

④ 两腿屈膝的幅度加大；两手从胸口向下推
出，推至与腹部平行；视线随着右手的移动而
移动。

3

4

换个角度看一看

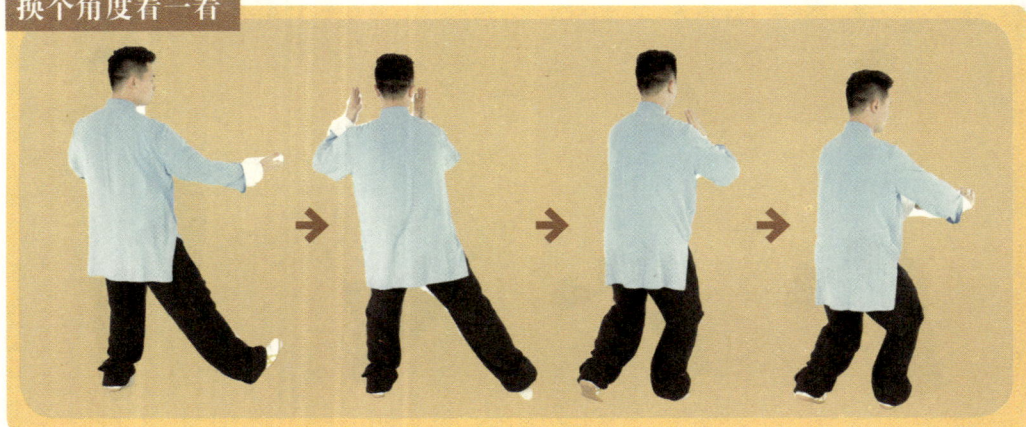

5

⑤ 两腿距离保持不变；左手掌心向上，右手屈臂收回，注意两手位置。

⑥ 两腿距离保持不变；右手变掌为钩手，右手从腹部位置向**上**勾出，左手位于腹部前方，掌心向上。

6

7

⑦ 右手经腹部至与肩平，左手贴于腹部前侧，掌心向上。

注意右手动作由掌翻手变钩手时，要同时向上提左腿。

8

⑧ 左腿提膝抬起，重心在右脚上；右钩手向上抬，直至肩部稍上方的位置，左手保持不变；视线随着右手的移动而移动。

换个角度看一看

→ → →

9

10

⑨ 左腿向左跨步，重心放至右腿上，右腿向下屈膝，呈右弓步；左手依然处于腹部前侧，右钩手的位置保持不变；头部转向左侧。

⑩ 左腿屈膝呈左弓步；右钩手保持不变，左手位于腹部前，掌心向上。

11

12

⑪ 重心偏于右腿上，左手向上移至右钩手旁边；眼睛直视右手。

⑫ 双腿屈膝呈马步，重心放至两腿中心点；右钩手保持不变，左手翻掌，掌心向外，从右钩手位置向水平方向推出。

⑬ 重心稍稍偏至左腿，上身保持竖直；右钩手位置保持不变，左手向左打开；视线随着左手的移动而移动。

⑭ 两腿仍保持马步；右钩手位置不变，左手掌心向外，两手位置与肩同高；头部转回正直，目视前方。

换个角度看一看

68.雀地龙

"雀地龙"拳式如同麻雀啄食地上的蚯蚓而得名。择地准确，动作麻利，啄拉慢引。

1

2

① 两腿呈马步；右手直臂在下，掌心向左膝打开，左臂弯曲，左手放置在右臂肘关节位置上；头微微向下。

② 右腿屈膝呈右弓步，重心移至右腿上；左臂屈臂向上弯曲，左手握拳，拳心向内，右臂屈臂向上，右拳位于脑门前。

③ 右腿下蹲，屈膝幅度加大，左腿伸直，呈右弓步；右手握拳屈臂置于头顶侧上方，左手握拳向下稍勾起；目光直视左脚脚尖。

3

4

④ 右腿继续下蹲，呈完全的右弓步，左腿依然保持伸直；右拳与头顶距离加大，拳心向下，左拳置于左腿小腿上，拳心向前。

换个角度看一看

69.上步七星

　　因上步后两拳交错，下肢呈右虚步，从侧面看，其头、肩、肘、手、胯、膝、脚七个出击点的位置，恰似北斗七星，故名"上步七星"。

1

2

① 身体重心左移，身体左倾，呈左弓步；左拳上举，举至肩稍下位置，左拳拳心向上，右拳拳心向前；眼睛直视左拳。

② 身体向左拳前倾，重心向左腿偏移，呈左弓步；左拳拳心向上，右拳向下至胯部。

3

4

③ 身体左转90度，右脚向上提膝；左拳保持在第2步中与肩平齐的位置上，拳心向上，右手抱拳置于右腹部，拳心向上；眼睛直视左拳。

④ 右腿前伸保持伸直，右脚脚尖点地，重心放在右腿上；两拳交叉，拳心向内，位置与肩同高；眼睛直视前方。

换个角度看一看

5

⑤ 然后，两拳翻腕，依然保持交叉的姿势，拳心向下。

6

⑥ 由第5步中两拳的位置向下压，右拳在上，左拳在下，相互交叉；左腿屈膝，右腿伸直向前，重心保持在左腿上；视线随着两拳的位置而向下移动。

⑦ 两拳变为掌，向内翻转，变为左手在上，右手在下，两手交叉放置于胸前；腿部姿势保持不变。

⑧ 左手在外，右手在内，相互交叉，慢慢由胸前向外推出。

7

8

在做此动作时要注意左手在前。

换个角度看一看

70.转身双摆莲

陈氏太极拳的转身双摆莲中，"双摆莲"指的是两手拍打脚面。

1

2

3

4

① 右手前推，左手下按。

② 左脚跟外展，全脚踏实，重心移至左腿上，上身微左转；右手向外旋凸腕，左手下按至左胯旁。

③ 身体向右转体，提右脚向右跨步，左腿弯曲；右手向外推，左手处于左肋旁。

④ 身体继续向右转体，左脚上提膝与腰平，右手翻掌向右上方摆臂，掌心向外，左手随身体转动。

换个角度看一看

⑤ 以右脚为轴，身体继续向右转，左腿提膝向上至与腰同高处不变；右手保持外推的姿势，左手向上翻掌；头部始终保持正立。

⑥ 以右脚为轴，持续向右转体，直至面朝前方，由第1步360度转体回来；保持手掌的姿势不变。

⑦ 向下放左腿，右腿屈膝向下呈弓步，左手向着右手内推；面向左侧。

⑧ 左腿屈膝向下，呈马步；左手、右手平行向外推，掌心朝外；头部转向右手，目视掌心。

左脚放下时，应注意"点起点落"，轻匀沉稳。

换个角度看一看

9

10

11

⑨ 将重心移至左腿，向上提右膝，左腿单腿站立；头部微微右转，目光看向右手。

⑩ 左腿单腿站立，右脚向上踢；两手拍右脚；头部与身体保持竖直，目光直视右手。

⑪ 右腿屈膝下落形成独立势，两手恢复成向左摆臂，右腿放下时注意缓慢沉稳地向下落。

换个角度看一看

71.下步跨肱

下步跨肱的要点是，向后退步时注意右脚的落地点，不要踏在一条线上。

① 右脚经左踝内侧退后一步，左腿呈弓步，右腿伸直向后，身体随着微左转；左右手向前推出，左右臂与左腿方向一致；目光直视左手。

② 重心下移至右腿，身体向下坐，两手向下移动，掌心朝外；视线随着左手向下移动。

③ 两臂伸直，竖掌外撑，右臂上举至与肩平行，左臂略向下，左掌掌心向左，右手掌心向右；目光随着右手而移动。注意接下来两手分开后，两臂要呈弧形；两手不要距离身体太远而形成松散的现象。

④ 左腿收回，右腿微屈，左腿提膝；两臂下放至腰部，两手向外打开，头部微微向下。

5

⑤ 左腿前伸，左脚脚尖轻轻点地，重心放在右腿上，右腿屈膝下蹲；左掌下推，右手在左手上方位置；目光直视前方。

小提示

呈退步跨肱式时，上身不可朝右侧倾或后仰、前俯，仍须正直。

换个角度看一看

72.当头炮

　　当头炮是用两手变逆缠向左前方发力推，随之左手向左前方推出，致使对方向后跌出。

1

2

① 接上式，左脚向左迈步，身体重心左移，上身微右转；同时两手向左推出，掌同胸高，掌心均向外，指尖朝向右前方。

② 身体重心向右移，两手下按，掌心均朝着脚尖方向。

换个角度看一看

3    **4**    **5**

③ 身体重心移至右腿，呈右弓步，身体微右转；同时两手向下、向右画弧握拳，右拳收于腰间，拳心向里，左拳收于腹前，拳心向内。

④ 由上一步收于右腹部的两拳向上推出，两拳收于腹部前方，拳心均向内；同时重心移向左腿，两腿屈蹲；上身微左转，视线随着两拳的移动而移动。

⑤ 重心移至左腿，上身左转呈左前弓步；两拳向左搠击，两拳处于与肩同高的位置，拳心均向里，呈对拳。

换个角度看一看

① 接上式，两手左移形成掌状，脚和上一步一样保持不变。

② 两手缓缓抬高至与肩平，眼睛看向左手，掌心向下。

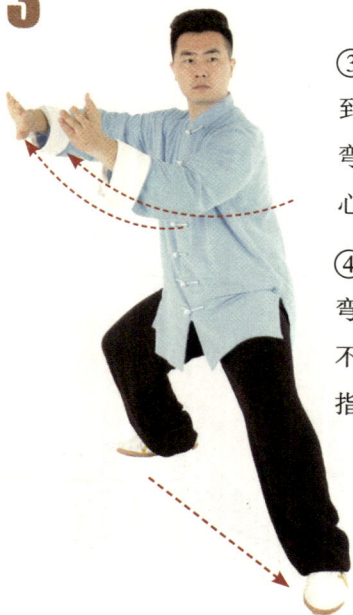

③ 重心在右脚上；两手移到右边，右脚弯曲，左手弯曲，掌心向外，右手掌心也向外；目视前方。

④ 两手向右移动；左腿微微弯曲，右腿同上一步一样保持不变；两手向右推，两手大拇指相随，掌心向外。

5

6

 ❌

 ✅

⑤ 重心下移，两手移至胯部上，掌心向下；左腿弯曲；目视前方。

⑥ 两肩放松，身体微下沉，右手向上，与胸部齐平。同时右腿蹬直，面向前方。

7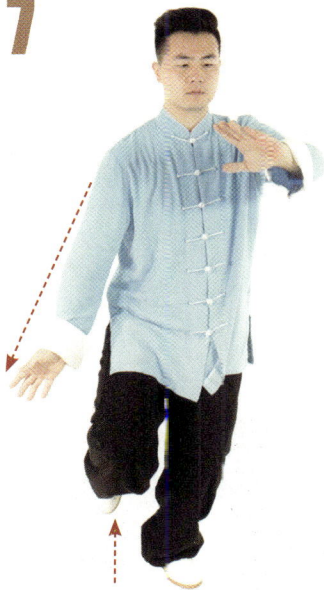

8

⑦ 右脚抬起弯曲，左脚直立；右手伸直五指张开，左手弯曲，五指贴近脖子位置；眼睛看向左手。

⑧ 左脚保持不变，右脚向前一步；右手收回，左手放在右手腕处。

提腿、提拳时，身体要下沉，松肩沉肘，上下相合，脚步稳健。

⑨ 两脚不变，右脚在前，左脚在后；左手放在胯部上，掌心向上，右手握成拳头放在与鼻子同高的位置，重心不变；眼睛看向右手。

⑩ 两脚不变；左手下沉至腹前，掌心朝上，右手先上引而后握拳，落于左掌心，拳心朝上；目视前方。

⑪ 右手握成拳头放在与鼻子同高的位置，左手放在胯部上，掌心向上；右脚抬起，左脚直立。

⑫ 重心保持在左脚，右拳砸于左掌内；右脚落地两脚间距与肩同宽，两腿微微下蹲；目视前方。

74.太极收势

收势是太极拳的结束动作，从套路编排上符合有始有终的特点，终点又回到起点。

1

2

① 两脚站立与肩同宽，膝盖微微弯曲，掌心向上并缓缓抬起；眼睛望向右手，视线跟随右手向上。

② 两臂抬至与肩同高；眼睛望向右手。

换个角度看一看

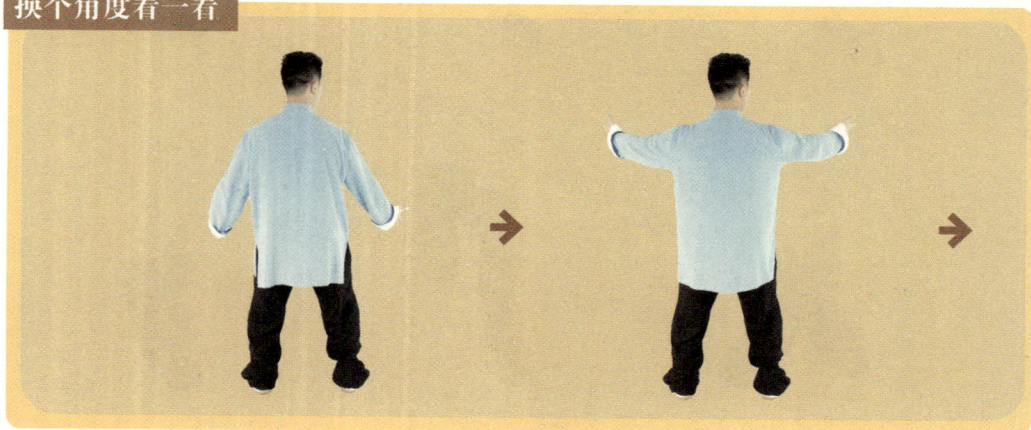

3

4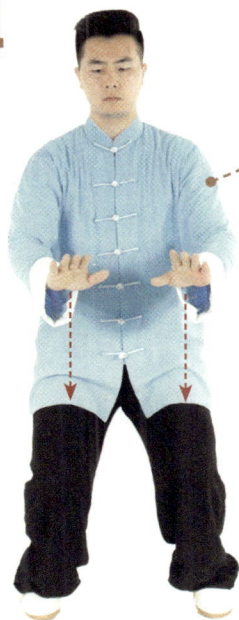

收势前后系列动作都沉气，使气息逐渐平稳。

5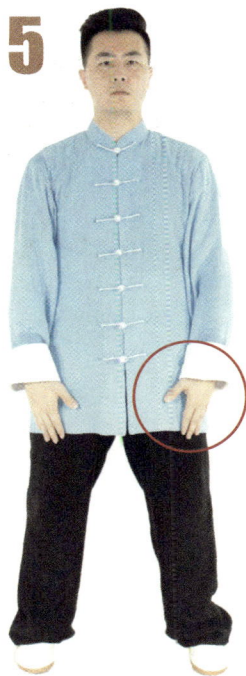

③ 两臂向内并拢，保持在与肩同高的位置上，掌心向下；同时视线跟随右手的移动而移动。

④ 两臂由与肩同高的位置缓慢向下放；头部摆正，同时目光始终跟随右手。

⑤ 然后，两手完全放下，掌心向内自然地贴于大腿上方；目光直视前方。

换个角度看一看

 →  →

6

⑥ 两手落于大腿外侧；左脚轻轻提起与右脚并拢，脚掌先着地；目视前方。

⑦ 右脚踏实，左脚脚尖踮地，恢复成预备姿势；两眼平视前方。

⑧ 最后恢复成预备姿势。注意动作要沉稳、缓慢，精神内敛，劲力贯穿始终，呼吸要自然。

7

8

并步还原时，左脚应注意"点起点落"，轻匀沉稳。

换个角度看一看

在线视频访问说明

本书提供陈氏太极拳老架一路74式完整在线视频，您可通过微信扫描本页的二维码进行观看。

步骤1 点击微信聊天界面右上角的"+"，弹出功能菜单（见图1）。

步骤2 点击弹出的功能菜单上的"扫一扫"进入该功能界面，扫描右边的二维码。

步骤3 如果您未关注微信公众号"动动吧"，扫描后会出现"动动吧"的二维码。

微信"扫一扫"

请根据说明关注"动动吧"，并点击"资源详情"（见图2），进入视频观看界面，观看本书视频（见图3）。

如果您已关注微信公众号"动动吧"，扫描二维码后可直接进入本书视频观看界面。

图1

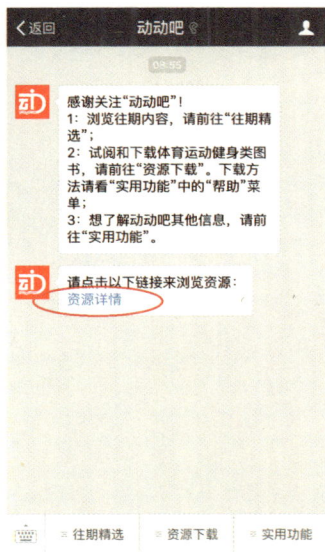

图2

图3